Como ser um Ditador?

Mikal Hem

2021. Como ser um ditador? — Um manual — Mikal Hem

Grafia atualizada segundo o Acordo Ortográfico da Língua Portuguesa de 1990, que entrou em vigor no Brasil em 2009.

O autor recebeu apoio financeiro do Fundo Literário de Não-Ficção da Noruega.

Esta tradução foi publicada com apoio financeiro de

NORLA
NORWEGIAN LITERATURE ABROAD

Arte: Vinicius Oliveira
Revisão: Gladstone Alves e Fernanda Mota
Preparação: Lígia Garzaro
Tradução: Leonardo Pinto Silva
Edição: Felipe Damorim e Leonardo Garzaro
Imprensa: Beatriz Reingenheim

Conselho Editorial
Felipe Damorim
Leonardo Garzaro
Lígia Garzaro,
Vinicius Oliveira
Ana Helena Oliveira

Dados Internacionais de Catalogação na Publicação (CIP)
(Câmara Brasileira do Livro, SP, Brasil)

H487

Hem, Mikal

Como ser um ditador?: um manual / Mikal Hem; Tradução de Leonardo Pinto Silva – Santo André - SP: Rua do Sabão, 2021.

Título original: Kanskje jeg kan bli diktator

248 p.; 14 X 21 cm

ISBN 978-65-89218-01-2

1. História mundial. 2. Ditadura. 3. Século XX. I. Hem, Mikal. II. Silva, Leonardo Pinto (Tradução). III. Título.

CDD 909.82

Índices para catálogo sistemático:

I. História mundial : Século XX : Ditadura
Elaborada por Bibliotecária Janaina Ramos – CRB-8/9166

Todos os direitos desta edição reservados à:
Editora Rua do Sabão
Rua da Fonte, 275 sala 62B
09040-270 - Santo André, SP.

www.editoraruadosabao.com.br
facebook.com/editoraruadosabao
instagram.com/editoraruadosabao
twitter.com/edit_ruadosabao
youtube.com/editoraruadosabao
pinterest.com/editorarua

Como ser um Ditador?

Mikal Hem

Traduzido do norueguês por
Leonardo Pinto Silva

Índice

A excelência das ditaduras
Como se tornar um ditador
Como manter o poder
Idolatre-se
Como ficar rico
Como usar a riqueza
Transe à vontade
Escreva
Mantenha o estilo
Compartilhe suas posses (com os mais próximos)
Saia na hora certa

Bibliografia

A excelência das ditaduras

Há várias razões para aspirar ao poder. Poder é sinônimo de prestígio, controle, admiradores e, invariavelmente, fortuna. Infelizmente, nas democracias ocidentais, há limites para o capital político que você pode amealhar. Líderes democraticamente eleitos precisam sempre levar em conta tanto a oposição quanto os eleitores. Eleitores são muito voláteis. Quando se cansam de um líder político, rapidamente escolhem outro.

Ditadores, por sua vez, agem de modo diferente. Longe de políticos de oposição incômodos ou de uma imprensa bisbilhoteira, você fica mais à vontade para alcançar seus objetivos, tanto políticos quanto privados. Você pode, por exemplo, acumular uma fortuna enorme, algo que a maioria dos ditadores faz, sem que o povo, a imprensa ou as instâncias governamentais esbocem reação. Se alguém for tão descarado a ponto de expor seus negócios no âmbito privado, basta alterar a lei para que esse comportamento subversivo passe a ser considerado crime. Foi exatamente o que fez o presidente do Azerbaijão, Ilham Aliyev, em junho de 2012. Depois de vir a público que o ditador e sua família controlavam boa parte dos setores de mineração, telecomunicações e serviços do país, o parlamento aprovou leis que isentam o presidente (e sua esposa) de resposabilidades por eventuais crimes cometidos enquanto ele estiver no cargo. Os deputados também proibiram a imprensa de divulgar informações sobre atividades empresariais sem o consentimento dos envolvidos.

Seres humanos que juram que são Deus normalmente são levados para tratamento psiquiátrico. No caso dos ditadores, por outro lado, é perfeitamente normal se ombrear ou até mesmo se achar superior a Deus. Rafael Trujillo, antigo caudilho da República Dominicana, mandou instalar na capital, Ciudad Trujillo, um enorme letreiro em néon em que se lia *Dios y Trujillo*. As igrejas locais mandaram fazer cartazes esclarecendo que *Dios en cielo, Trujillo en tierra*. François Duvalier, no vizinho Haiti, deu um passo além e se tornou a principal divindade no santuário vodu do país. Ali Soilih, que governou as ilhas Comores durante alguns anos na década de 1970, disse: "Eu sou seu Deus e professor, sou o caminho divino, sou a tocha que brilha na escuridão. Não há outro deus além de Ali Soilih".

Enquanto outros chefes de Estado ponderam sobre os desejos e necessidades da população quando mandam construir prédios e obras de infraestrutura, ditadores não precisam perder tempo com mesquinharias desse tipo. Podem erguer torres enormes, palácios, monumentos e outros edifícios suntuosos sem passar pelo verdadeiro estorvo que são licitações e plebiscitos, por exemplo. Félix Houphouét-Boigny, da Costa do Marfim, construiu a maior igreja do mundo em Yamoussoukro. O santuário tem 7.000 lugares com dutos de ar condicionado embutidos para refrescar os fiéis, mas passa a maior parte do tempo vazio. Saparmurat Niyazov gastou bilhões em petrodólares do Turcomenistão para transformar a capital numa reluzente metrópole de mármore branco. Alguns ditadores vão mais longe. Than Shwe, de Mianmar (antiga Birmânia), e Nursultan Narzabaev, do Cazaquistão, construíram novas capitais do zero.

Ditadores geralmente se mantêm no poder por mais tempo que seus colegas democráticos. A lista de chefes de Estado mais longevos é encabeçada por déspotas. Os democratas, em compensação, estreiam no mandato com mais segurança: têm menos de 30% de chances de serem depostos durante os seis primeiros meses; com líderes autoritários, a probabilidade é de 50%. Depois disso, os ditadores assumem a liderança.

Um líder democraticamente eleito que tenha ultrapassado os seis primeiros meses no cargo tem 43% de chances de perder o emprego nos próximos dois anos, enquanto para líderes autoritários a chance é de 29%. Quatro por cento dos democratas conseguem permanecer no poder por dez anos ou mais. Entre os ditadores, a probabilidade é quase três vezes maior: 11% perduram por uma década ou mais.

Uma das coisas mais engraçadas que você pode fazer como ditador é instaurar leis peculiares que seus governados serão obrigados a respeitar. O líder comunista da Romênia, Nicolae Ceaușescu, por exemplo, proibiu o uso de máquinas de escrever sem licença governamental, mas também introduziu leis curiosas para aumentar a população da Romênia. O uso de contraceptivos era proibido, e mulheres que não tinham filhos eram obrigadas a pagar um imposto celibatário, ainda que não pudessem engravidar de forma alguma. Livros sobre reprodução humana e sexualidade eram considerados segredos de Estado e só eram autorizados em escolas de medicina. "O feto é propriedade da sociedade. Quem evita ter filhos é um desertor que abandonou a sucessão natural da vida", teria dito o ditador romeno.

Ceaușescu também vetou o uso de joias pelas apresentadoras dos telejornais. O falecido presidente do Turcomenistão, Saparmurat "Turkmenbashi" Niyazov, agiu de maneira semelhante quando baniu a maquiagem de jornalistas mulheres. O ditador turcomeno também proibiu o uso de playback em concertos públicos.

O aiatolá Ruhollah Khomeini foi além. Durante um período após a revolução iraniana que o levou ao poder, em 1979, toda a música foi proibida. "A música engana o ouvinte e torna o cérebro inativo e frívolo. [...] Se você quer que seu país seja independente, deve evitar a música e não temer ser chamado de antiquado", disse ele então. Para fazer cumprir a proibição, a Guarda Revolucionária invadiu residências em busca de instrumentos, discos e fitas de vídeo.

Felizmente, quando se é um ditador não se tem que obedecer às leis, como a proibição de Khomeini deixou bem claro. Enquanto a Guarda Revolucionária removia os toca-fitas dos carros que vistoriava em bloqueios pelas ruas, um dos netos do aiatolá tinha aulas de piano com um músico iraniano profissional.

Outra vantagem dos ditadores é que eles tendem a exibir qualidades que excedem o simples ato de governar. São gênios acadêmicos, escritores talentosos e comerciantes incomparáveis. São, principalmente, atletas quase sobre-humanos. Em 1994, a mídia norte-coreana informou que o Querido Líder Kim Jong-il fez nada menos que cinco *hole-in-one* numa só partida de golfe. Nada mal para quem estava jogando pela primeiríssima vez. O ditador terminou com 38 tacadas abaixo do par num campo de 18 buracos.

Kim Jong-il também serviu de inspiração para outros atletas do país. Depois que venceu a maratona feminina durante o Campeonato Mundial de Atletismo de 1999, em Sevilha (Espanha), a norte-coreana Jong Song-ok declarou aos repórteres: "Tinha em mente a figura do nosso líder e isso me inspirou".

O homem-forte de Uganda, Idi Amin, insistiu em abrir o campeonato africano de boxe amador lutando em pessoa contra Peter Seruwagi, técnico da equipe nacional de Uganda. Amin venceu a luta com larga vantagem. No jornal do dia seguinte, sob a recatada manchete "Boxeador do ano", os ugandenses souberam que "o árbitro foi obrigado a interromper a luta no segundo assalto para evitar que Seruwagi apanhasse mais".

Outro ditador esportivo é o presidente do Turcomenistão, Gurbanguly Berdimuhamedov, faixa preta em taekwondo e caratê. Durante a primeira corrida automobilística realizada no Turcomenistão, em abril de 2012, o presidente achou por bem dar uma voltinha num Bugatti Veyron, um dos automóveis mais rápidos e caros do mundo, um favorito no meio ditatorial. Ao ser apresentado pelo mestre de cerimônias, Berdimuhamedov perguntou: "Posso concorrer?". Os organizadores da competição não viram problema na inscrição de ultimíssima hora. Coincidentemente, havia trajes de corrida disponíveis no tamanho exato, e Berdimuhamedov assumiu o volante de um Volkicar turco. O presidente pisou fundo e obteve o melhor tempo na volta de classificação. Naturalmente, o carro foi enviado ao Museu Nacional do Esporte após a corrida.

Numa ditadura, esportes e diversão não existem apenas para o deleite dos ditadores: servem também para entreter seus súditos. No Haiti da década de 1960, governado por François "Papa Doc" Duvalier, inventou-se a roleta haitiana. O palácio presidencial da capital, Porto Príncipe, vivia cercado por guardas atentos e ansiosos para atirar, que não desperdiçavam uma chance de apertar o gatilho contra qualquer alvo que considerassem uma ameaça. A roleta haitiana consistia em dirigir um carro com pneus gastos, à toda velocidade, em volta do palácio. Perdia quem primeiro furasse um pneu.

Como ditador, você dispõe de muito mais liberdade que seus pares democráticos para conseguir o que deseja. O limite é sua própria imaginação. Você pode, por exemplo, declarar feriados os dias que considera mais importantes. O iraquiano Saddam Hussein foi um dos vários ditadores que transformaram o próprio aniversário numa data nacional. Saparmurat Niyazov, do Turcomenistão, fez o mesmo com o aniversário da mãe. Valentine Strasser, presidente da Serra Leoa de 1992 a 1996, foi mais criativo. Declarou o dia de São Valentim e o aniversário de Bob Marley feriados nacionais. Em 24 de janeiro de 1974, o falecido presidente do Togo, Gnassingbe Eyadéma, sobreviveu milagrosamente a um acidente de avião que matou todos os demais passageiros a bordo. Eyadéma acusou os franceses de estarem por trás do acidente devido a uma disputa em torno de uma mina de fosfato no país. Também afirmou que sobreviveu por causa dos seus poderes mágicos e declarou o 24 de janeiro "Dia da Vitória contra os Poderes do Mal". Para sublinhar a importância da data, encomendou um desenho animado para recontar a história, no qual era caracterizado como super-herói.

Eyadéma também exibia uma outra característica dos ditadores modernos: o desejo de se cercar o tempo inteiro de mulheres (todos os ditadores contemporâneos coincidentemente são homens). Aonde quer que fosse era acompanhado por um cortejo de 1.000 mulheres que cantavam e dançavam em sua homenagem. A guarda pessoal de Muammar Gaddafi, da Líbia, era integrada apenas por mulheres. Thomas Sankara, falecido ditador de Burkina Faso, também tinha uma força de segurança exclusivamente feminina, que mandou equipar com motocicletas, pois ele próprio era um motociclista inveterado.

Os ditadores também são bons em se outorgar títulos. Idi Amin chamava a si mesmo de "Soberano de Todos os Animais sobre a Terra e Peixes no Mar", "Último Rei da Escócia" e "Conquistador do Império Britânico na África em Geral e em Uganda em Particular". Nicolae Ceauşescu, da Romênia, chamava a si mesmo de "Gênio dos Cárpatos". O título oficial de Muammar Gaddafi era "Guia da Grande Revolução do Primeiro de Setembro da República Popular Árabe Socialista da Líbia", mas também era conhecido simplesmente por "Irmão, Líder e Guia Revolucionário".

Como ditador, você tem a oportunidade de acumular uma riqueza imensa, tornar-se um escritor de sucesso, construir monumentos, palácios e cidades para se homenagear, ter acesso ilimitado a parceiros sexuais atraentes e se cobrir de luxo. Mas como tirar o máximo de proveito dessas oportunidades? Nos próximos capítulos, você encontrará um guia com tudo que precisa saber e fazer para se tornar um ditador, inspirado no exemplo de expoentes deste ofício. Se seguir os conselhos deste livro, você estará no caminho certo para se tornar um tirano memorável.

Como se tornar um ditador

Na noite de 12 de abril de 1980, William Richard Tolbert Jr. dormia um sono profundo em sua casa, em Monróvia, capital da Libéria. O pequeno país na África Ocidental era visto como uma ilha de estabilidade num continente marcado por agitações políticas, guerras civis e golpes de Estado. Tolbert era presidente desde 1971, quando assumiu o cargo de seu antecessor, William Tubman. Tubman esteve no poder durante 27 anos. Tolbert não tinha motivos para acreditar que sua presidência terminaria em breve.

Na prática, a Libéria era um Estado de partido único que existia desde a fundação do país por escravos norte-americanos alforriados. Os primeiros chegaram ali em 1820 e, em 1847, os colonos afro-americanos declararam a independência. Desde então, a Libéria foi governada por uma elite de descendentes de escravos libertos, enquanto a população autóctone era marginalizada. Além da Etiópia, a Libéria é o único país africano que nunca foi uma colônia.

Naquela madrugada de abril, o sargento Samuel Kanyon Doe entrou furtivamente na casa de Tolbert acompanhado de um grupo de oficiais e soldados, todos descendentes da população nativa da Libéria. Testemunhas disseram que Doe estripou Tolbert enquanto ele dormia. Vinte e seis partidários de Tolbert morreram nos combates. O corpo do ex-presidente foi jogado numa vala comum ao lado de 27 outras vítimas. Em 22 de abril, 13 ministros foram executados após julgamentos sumários. Vários apoiadores do antigo regime foram presos.

O golpe desencadeou uma série de eventos que mergulharam a Libéria em 25 anos de caos, resultando em duas longas guerras civis e numa sucessão de chefes de Estado excêntricos, cujo grau de sanidade mental oscilava bastante.

Obviamente, para se tornar um ditador, você precisa primeiro de uma coisa: governar um país. Dito assim parece fácil. Há um número limitado de países no mundo e um contingente enorme de pessoas aspirando obter prestígio político e alcançar o poder. Mas quando examinamos como o poder passa de mãos ao longo da história, às vezes o caminho até o topo é surpreendentemente simples. Para um aspirante a ditador, as oportunidades são muitas. Alguns recebem ajuda externa. Outros são eleitos democraticamente. Alguns chegam lá por acaso, seja porque nasceram no berço certo ou simplesmente porque estavam no lugar certo na hora certa. Outros são usados como peões de um jogo sem que percebam.

Para a maioria, no entanto, é preciso muito trabalho e planejamento meticuloso para assumir o controle de um país. Há diversas maneiras de se tornar um ditador, e cada uma é mais adequada a determinados países e circunstâncias. Se você nutre realmente o sonho de seguir essa carreira, pense cuidadosamente em como torná-lo realidade. A história está cheia de tentativas fracassadas, e uma única tentativa fracassada pode terminar num exílio ou, se você tiver menos sorte, no cemitério. Felizmente, vários métodos foram testados ao longo do tempo e alguns deles têm uma taxa de sucesso relativamente boa.

Se estiver realmente decidido, é bom ter em mente *onde* você deve tentar. O caminho mais natural pode ser o país em que nasceu, mas ele nem sempre oferece as melhores condições. É muito mais difícil se tornar um ditador num país onde a democracia está estabelecida e tem raízes sólidas do que em regimes autoritários. Ditadores geralmente assumem o cargo das mãos de um ex-ditador, e é provável que um déspota seja sucedido por um novo déspota, mas esta não é de forma alguma uma regra absoluta. Na América Latina, por exemplo, vários países que eram ditaduras até pouco tempo atrás, como Argentina e Chile, são hoje democracias bem estabelecidas. Na Europa Ocidental, Portugal e Espanha deixaram de ser ditaduras há relativamente pouco tempo, menos tempo ainda no caso das ditaduras do Leste Europeu.

Ao mesmo tempo, há democracias que não duram para sempre. Quando assumiu o poder, Vladimir Putin desviou a Rússia dos trilhos de uma democracia funcional. Se ainda não merece ser chamado pura e simplesmente de ditador, não faltam indícios de que é exatamente isso que deseja. Nos últimos anos, chefes de Estados latino-americanos democraticamente eleitos se arrogaram poderes ampliados e restringiram a liberdade de imprensa. Isso não significa necessariamente que estão a caminho de se tornarem ditadores, mas esses líderes estão rezando pela mesma cartilha de déspotas anteriores na escalada rumo ao poder absoluto. Na América Latina, a alternância entre ditaduras e democracias é uma marca registrada.

Mesmo na Europa Ocidental, a democracia não pode ser considerada segura e eterna. A democracia representativa moderna é uma invenção relativamente nova, e é difícil precisar se tem ou não um prazo de validade . Há também exemplos de pessoas que são apeadas do poder por meio de processos democráticos. Em 2003, o povo de

Liechtenstein votou esmagadoramente por uma Constituição que dava ao príncipe o poder de anular as instituições democráticas. O príncipe pode vetar qualquer lei promulgada pelo Parlamento, dissolver o governo ou demitir ministros. Embora o presidente da Bielorrússia, Aleksandr Lukashenko, seja considerado o último ditador da Europa, Sua Alteza Sereníssima João-Adão II, de Liechtenstein, não precisa fazer muito se quiser duplicar o número de ditaduras no continente.

Sendo assim, não há por que abandonar o pequeno ditador que habita dentro de você. Conforme veremos, há uma série de maneiras comprovadamente eficazes de tomar o poder num país.

Dê um golpe

A tomada do poder por Samuel Doe na Libéria, em 1980, foi um golpe de Estado clássico, uma rápida tomada de poder, geralmente realizada por um pequeno grupo de pessoas afeitas ao aparato de poder existente. Como regra, golpistas são oriundos das forças armadas.

O golpe foi a forma mais comum de tomar o poder no século passado. A América Latina é um continente bastante associado a golpes frequentes, e não é sem razão. No Paraguai dos últimos cem anos, por exemplo, houve 45 golpes e tentativas de golpe. No entanto, o Paraguai sobressai como exemplo de estabilidade em comparação com a Bolívia. Desde que o país se tornou independente, em 1825, a Bolívia teve cerca de 200 golpes, uma média de mais de um por ano.

A África tem sido particularmente afetada por golpes nos últimos 50 anos. Entre 1952 e 2000, foram perpetrados 85 golpes em 33 países africanos, sendo 42 na África Ocidental, onde se localiza a Libéria.

Embora o golpe de Estado seja uma forma popular de tomada do poder, não é um método que possa ser implementado em qualquer lugar. Segundo o historiador militar Edward Luttwak, os três fatores a seguir devem estar presentes para tornar possível um golpe de Estado:

Subdesenvolvimento econômico

Países pobres são muito mais propensos a golpes que os países ricos. A pobreza está frequentemente associada à baixa participação popular na política nacional. A população costuma ter baixa escolaridade, altos índices de analfabetismo e é predominantemente rural. O poder concentra-se nas mãos de uma elite pequena, educada e próspera. Um golpe num país em que o poder passa de mão em mão entre as elites terá pouco impacto sobre um agricultor ou um trabalhador industrial medianos. Sem influência política sob o regime anterior, há poucas razões para se opor a uma mudança de regime. Nos países onde a influência política está mais dispersa, mais pessoas e instituições têm valores a defender, dificultando assim uma ruptura das instituições.

Independência política

Para poder realizar um golpe, o país em que você deseja tomar o poder deve ser politicamente independente. Não é possível tomar o poder se o poder estiver em outro lugar. Durante a Revolução Húngara de 1956, os manifestantes assumiram o controle de todas as instâncias governamentais, como exército, polícia e radiodifusão. Infelizmente, o poder real não estava ali, mas em Moscou, a 1.800 quilômetros de distância. A União Soviética mantinha forças no interior e nas fronteiras da Hungria, fora do alcance do novo governo rebelde. Para ter êxito, a revolução deveria ter ocorrido em Moscou.

Poder unificado

Para tomá-lo e exercê-lo de fato, o poder deve estar concentrado em instituições que possam ser facilmente coordenadas e controladas. Caso esteja disperso entre instâncias que usam o governo apenas como fachada, ou compartilhado por unidades regionais autônomas, será mais difícil alcançar seu objetivo. Nos primórdios da história dos Estados Unidos, quando os estados tinham autonomia plena, você não conseguiria ir muito longe caso desse um golpe em Washington, DC. Na República Democrática do Congo, o poder central é tão fraco que um golpe na capital,

Kinshasa, não lhe dará necessariamente controle sobre as outras partes do país. Na Somália, não existe nenhum poder central real e, consequentemente, nenhum governo para assumir depois de um eventual golpe.

O candidato perfeito é, portanto, um país pobre, no qual o poder esteja centralizado nas mãos de uma pequena elite, relativamente imune às influências externas. Uma vez encontrado o país certo, é hora de começar a planejar a ação. Você precisa saber quem é leal o suficiente para participar do planejamento, com quem pode contar no aparato estatal e quem jamais abandonará o atual detentor do poder. Você precisa saber como lidar com as reações em contrário e como anunciará ao populacho a novidade. E é bom estar preparado para enfrentar as reações vindas de outros países.

A regra mais importante, porém, é ter os militares do seu lado. Sem o apoio das forças armadas, realizar um golpe é simplesmente impraticável.

Obtenha apoio externo

No passado, alegar que queria impedir os comunistas de chegar ao poder era o suficiente para lhe assegurar o apoio dos EUA. Da mesma forma, você podia contar com a ajuda certa da União Soviética se dissesse que estava ali para combater o imperialismo capitalista. Quando Patrice Lumumba, o primeiro primeiro-ministro eleito no recém-independente Estado do Congo, engatou uma boa relação com os russos, os norte-americanos ficaram preocupados. O chefe da Agência Central de Inteligência (CIA) norte-americana no Congo, Larry Devlin, explicou em detalhes como a agência usaria pasta de dente envenenada para matar Lumumba e substituí-lo pelo candidato da sua preferência, Mobutu Sese Seko. Para a sorte dos norte-americanos, agentes belgas e rebeldes congoleses foram mais rápidos e fizeram o serviço. Em 17 de janeiro de 1961, Lumumba foi assassinado e sepultado numa cova sem identificação, e Mobutu chegou ao poder.

Infelizmente, encontrar apoiadores para um golpe não é mais tão fácil quanto era nos tempos da Guerra Fria. Se precisar da ajuda dos EUA agora, é melhor dizer que o regime que você derrubou apoiava terroristas. Se nenhuma potência estrangeira puder ajudá-lo, também é possível recorrer aos préstimos de mercenários.

Após a Segunda Guerra Mundial, um dos mercenários mais ativos no mundo foi o francês Bob Denard. Durante sua extensa carreira, ele combateu no Congo, Angola, Iêmen, Nigéria e Irã, frequentemente em nome da França. Um de seus lugares favoritos eram as ilhas Comores, um país insular na costa leste da África, no qual tomou parte em quatro golpes. As Comores são, definitivamente, um lugar propício para isso. Desde que se tornou independente, em 1975, já houve mais de 20 golpes e tentativas de golpes de Estado.

Logo após as Comores declararem independência, Denard depôs o presidente Ahmed Abdallah e o substituiu pelo favorito da França, Ali Soilih. Em 1978, Denard retornou às ilhas, desta vez com o apoio da Rodésia e da África do Sul, que não viam com bons olhos os acenos que Soilih vinha fazendo à esquerda. Liderando uma tropa de 43 soldados, Denard depôs o presidente e restabeleceu Abdallah no poder. Soilih foi morto pouco tempo depois, provavelmente por apoiadores de Abdallah.

Denard se estabeleceu nas Comores e usou o arquipélago como base para operações militares no continente africano. Na década seguinte, chefiou a equipe de guarda-costas do presidente e foi o líder *de facto* das Comores. Em 1989, a África do Sul e a França perderam o interesse em apoiar um regime mercenário. Abdallah foi morto e Denard, que provavelmente estava envolvido no assassinato, foi obrigado a deixar o país.

Em 1995, lá estava ele de volta. No dia 27 de setembro, na companhia de 33 homens a bordo de barcos infláveis, depôs o presidente Said Mohamed Djohar. Desta vez, entretanto, a França não tinha planos de deixá-lo à solta. Em 4 de outubro, forças francesas capturaram as Comores e prenderam Denard. Ele foi condenado a quatro anos de prisão por "integrar uma quadrilha que planejava atividades criminosas", mas morreu em 2007 sem ter cumprido a sentença.

Patrióticos, democráticos e heterossexuais

Uma vez assegurado o apoio das forças armadas e, quem sabe, de outros países, é hora de identificar os principais atores políticos. Onde está o poder real? Quem deve ser preso? Quais setores das forças policiais e de segurança precisam ser neutralizadas primeiro? É crucial obter o controle instantaneamente. O planejamento deve envolver o menor número de pessoas possível e ser mantido em sigilo absoluto. Se os serviços de inteligência adversários descobrirem seus planos, sua tentativa de golpe será facilmente neutralizada antes de sair do papel.

Durante o golpe, é importante controlar rapidamente o rádio e a TV. Depois de chegar ao poder, o costume é realizar um discurso transmitido por rádio e TV abordando, obviamente, a *mudança* ou os *novos rumos* do país. Jamais mencione a palavra "golpe". Em vez disso, diga que houve uma "revolução", uma luta em defesa dos direitos humanos ou um necessário ajuste após uma crise constitucional. Procure também justificar sua tomada de poder com um ou mais dos motivos a seguir:

Fomos forçados a agir para

(i) erradicar a corrupção e o nepotismo.

(ii) fazer cumprir a Constituição.

(iii) eliminar um tirano.

(iv) instaurar um regime democrático.

Na manhã de 22 de abril de 1990, os ouvintes da *Federal Radio Corporation* da Nigéria foram surpreendidos com a seguinte mensagem:

Caros concidadãos nigerianos. Em nome da patriótica gente de bem do cinturão central e das regiões do sul deste país, eu, major Gideon Orkar, tenho a satisfação de informar o fim do governo do general Ibrahim Badamasi Babangida, um ditador antipatriótico, malévolo, corrupto, mentiroso, estroina e aliado aos barões do narcotráfico e homossexuais.

Em poucas linhas e com requintes estilísticos, o golpista Gideon Orkar acusa o antecessor de ser um ditador corrupto e intrinsecamente perverso, e consegue até fazer insinuações de ordem sexual. Infelizmente para Orkar, o regime de Ibrahim Babangida revidou e esmagou os golpistas. Orkar foi executado.

Como vemos, os golpes têm tradições históricas duradouras. Se for realizado corretamente, o golpe é um atalho rápido e eficaz para o poder. O problema são as consequências quando não dá certo. Neste caso, são grandes as chances de você passar um bom tempo numa solitária insalubre ou uma temporada forçada no exterior — ou, ainda, ser sumariamente executado. Portanto, um golpe também não é algo à prova de falhas, mas felizmente há outras estradas que conduzem ao topo.

Cerveja e orelhas decepadas

A vida do senhor da guerra liberiano Charles Taylor parece saída de um filme de ação de Hollywood. Taylor nasceu em 28 de abril de 1948 em Arthington, não muito distante da capital Monróvia. Em 1972, foi para os EUA estudar economia, envolveu-se na política e liderou um protesto durante uma visita de Estado do então presidente William Tolbert a Nova York. Mais tarde, foi preso por ameaçar a delegação da Libéria na ONU. Taylor regressou para a Libéria, onde apoiou o golpe de Samuel Doe contra o presidente Tolbert, em 1980.

Como recompensa, Taylor passou a ocupar um cargo importante no novo governo de Doe. Aproveitou o posto para enriquecer ao máximo e foi demitido três anos depois, acusado de desviar quase um milhão de dólares.

Taylor fugiu de volta para os Estados Unidos, mas foi detido em Massachusetts em 24 de maio de 1984 e mantido sob custódia para ser extraditado para a Libéria. Em setembro de 1985, na companhia de quatro outros presos, escapou espetacularmente da prisão de alta segurança em que estava, primeiro serrando as barras de ferro de uma janela da lavanderia, depois descendo com a ajuda de uma corda improvisada com lençóis amarrados. Em seguida foi só saltar uma cerca e estavam livres.

Os quatro prisioneiros foram recapturados mais tarde, mas Taylor conseguiu fugir para a Líbia, onde recebeu treinamento militar de Muammar Gaddafi. De lá se estabeleceu na Costa do Marfim, país vizinho à Libéria, onde fundou o movimento guerrilheiro da Frente Patriótica Nacional da Libéria (FPNL). Em dezembro de 1989, invadiu a Libéria para depor Doe.

Infelizmente para Taylor, um desertor do seu próprio movimento guerrilheiro o pegou no contrapé. Em setembro de 1990, Prince Johnson, antigo aliado de Taylor, tomou a capital Monróvia e capturou Samuel Doe. Doe era um notório supersticioso. Os soldados de Johnson retiraram dele vários amuletos, incluindo um que estava escondido em seu ânus. Um jornalista palestino foi autorizado a gravar o interrogatório de Doe num vídeo que Johnson passou a exibir orgulhoso a jornalistas estrangeiros. As cenas brutais acabaram rodando as TVs de todo o mundo.

No vídeo, Doe é visto sentado de cueca, cercado por soldados. Bem diante dele está Johnson, visivelmente bêbado, com granadas de mão penduradas em volta do pescoço e uma lata de Budweiser na mão. Ao lado dele, uma mulher abana uma toalha para refrescá-lo. Em certo momento, Johnson bate com o punho na mesa e ordena que cortem a orelha de Doe. Os soldados seguram o ex-presidente enquanto a ordem é cumprida.

Numa versão do vídeo, Johnson parece comer um pedaço da orelha decepada. Doe foi arrastado dali e assassinado, e Johnson se declarou presidente da Libéria.

O mandato de Johnson como presidente não durou muitos dias, e a guerra civil continuou. Embora não tenha tido sucesso, Johnson trilhou um caminho bastante percorrido. Muitos dos ditadores atuais começaram suas carreiras fazendo oposição armada a um governo, força de ocupação ou Estado colonial.

O método de Mao

Chegar ao poder por meio da guerrilha tem seus prós e contras. Requer, antes de tudo, paciência. Uma guerra de libertação pode se estender por décadas. É geralmente um método violento, que resulta num grande número de baixas, tanto entre seus próprios soldados como nos inimigos, além das vítimas civis. Há também o perigo real de ser preso ou assassinado.

Por outro lado, há também uma série de vantagens. Se conduzir uma guerrilha ao poder, é quase certo que você assumirá a vaga de chefe de Estado, se assim o desejar. Você será considerado um herói. E, caso pertença ao grupo étnico majoritário, sua legitimidade estará assegurada por muito tempo.

Se o governo contra o qual você estiver lutando for uma potência colonial, um vasto império ou um regime moralmente reprovável, é bem possível que consiga garantir até sua vaga num altar. Ao longo do processo, isso pode render dividendos inestimáveis. Além disso, lhe confere uma certa "superioridade moral", uma espécie de salvo-conduto, ainda que provisório, contra eventuais críticas.

Paul Kagame assumiu o poder no Ruanda em 1994, logo após o regime anterior de Juvénal Habyarimana matar entre quinhentas mil e um milhão de pessoas, num dos genocídios mais eficazes jamais vistos. Kagame e seu exército de guerrilheiros colheram os louros pelo fim dos assassinatos, enquanto a comunidade internacional permanecia ao largo da questão. Isso deu a Kagame uma espécie de "imunidade moral". Era difícil para outros países criticar Kagame por violações dos direitos humanos. Ele sempre poderia argumentar: "Onde estavam vocês quando os piores crimes de Ruanda eram cometidos?", algo que, inclusive, ele fazia com frequência quando era criticado por seus arroubos autoritários.

Um exército de guerrilha tem a vantagem de ser muito difícil de combater, mesmo para uma força infinitamente superior. A vitória de um exército guerrilheiro, contudo, está longe de ser garantida. Antes de iniciar uma guerrilha, você deve descobrir se as condições favorecerão a vitória e qual o método mais adequado. Vários dos pressupostos a seguir devem ser válidos para seu golpe ser bem sucedido.

Objetivo claro

Você deve ter em mente um objetivo muito claro do que está fazendo. Pode ser lutar contra um regime opressivo, um poder ocupante ou uma ideologia política. Esse objetivo pode ser unificar seus aliados, ganhar apoio popular e estimular seus soldados para resistir a uma longa batalha.

Suporte amplo

Você precisa contar com o apoio de grandes estratos sociais. O regime contra o qual você está lutando — uma ocupação estrangeira, um líder tirânico ou uma minoria étnica — precisa ter caído em desgraça, de maneira que você possa atrair a simpatia e os favores da população.

Apoio internacional

Ganhar a simpatia internacional corrobora a causa pela qual você está lutando. Isso pode ser alcançado por meio da propaganda adequada e de um bom lobby. Apoiadores estrangeiros podem arrecadar dinheiro, ajudar a obter armas e pressionar o regime atual. Ter um governo amigo num país vizinho é uma vantagem adicional. Você garante assim um lugar para se refugiar e uma rota para transportar armas e suprimentos.

Vantagem militar

À primeira vista, um exército de guerrilha não é páreo diante de um exército nacional, maior e mais bem equipado. Ainda assim, pode garantir supremacia militar por várias razões. Se o regime for impopular, os soldados dificilmente estarão motivados a fazer um bom trabalho. Se a guerra for longa, eles podem ficar entediados. Guerrilheiros costumam ser muito mais resistentes que forças militares tradicionais.

Observe que não é preciso preencher todos esses pré-requisitos para poder vencer uma guerra de guerrilha. Paul Kagame, por exemplo, não tinha o apoio majoritário da população quando assumiu o poder, em 1994, pois fazia parte de uma minoria étnica de cerca de 15% da população de Ruanda. Mas tinha um objetivo claro e definido de acabar com a repressão (incluindo-se aqui o genocídio) dos tutsis, opunha-se a um regime assassino e opressivo, era apoiado pela vizinha Uganda e liderou um exército altamente disciplinado e capaz. Isaias Afwerki travou uma heroica luta de libertação contra a Etiópia, quase sem apoio internacional, liderando tropas militarmente inferiores às forças do governo etíope. No entanto, civis e soldados tinham um desejo de independência inabalável. Os conflitos se estenderam por trinta anos e a Eritreia finalmente se tornou uma ditadura independente, em 1993.

Mao Tsé-tung liderou uma bem-sucedida guerra de guerrilha e assumiu o poder na China. Vale à pena analisar seu *modus operandi*. Em *Sobre a guerra de guerrilha*, Mao descreve os três estágios que é preciso superar para ter êxito. A primeira etapa é uma campanha de propaganda em prol da causa pela qual você está lutando. A segunda etapa consiste em ataques direcionados a instalações militares, pontos de infraestrutura estrategicamente importantes e alvos políticos. O objetivo aqui é enfraquecer e abater o moral do inimigo ao mesmo tempo que se obtém apoio e demonstra força. O terceiro estágio envolve a guerra convencional para conquistar cidades, assumir o comando do governo e controlar o país. Não há uma cronologia absoluta. Conforme o necessário, pode-se alternar as fases, que tampouco precisam ser implementadas concomitantemente em todo o território.

As teorias de Mao são leitura de cabeceira de líderes guerrilheiros em todo o mundo e foram aplicadas com sucesso, entre outros, pelos vietcongues contra as forças norte-americanas durante a Guerra do Vietnã, e por Robert Mugabe, na Rodésia.

Chegar ao poder após uma guerra de libertação traz uma vantagem óbvia. É quase certo que você vença as primeiras eleições quando cessarem as hostilidades. Junto com a supremacia moral, este é um excelente ponto de partida para se tornar um ditador.

Como tantos intelectuais africanos, Robert Mugabe militou no movimento anticolonização na África do pós-guerra. As autoridades da Rodésia o mantiveram preso durante dez anos. A Rodésia se declarou um Estado independente em 1965, mas se tornou um pária internacional, um Estado de apartheid no qual os negros não tinham os mesmos direitos que os brancos. Nenhum outro país reconheceu a independência da Rodésia. Inspirado por Mao, tanto política como militarmente, Mugabe continuou a luta e, em 1979, o regime da minoria branca entregou os pontos. Em 1980, foram realizadas as primeiras eleições livres no atual Zimbábue. Mugabe e seu partido, Zanu , conquistaram 63% dos votos. Eleito primeiro-ministro, Mugabe ganhou a simpatia do mundo inteiro.

A primeira coisa que fez foi eliminar os rivais. O recém-empossado primeiro-ministro despachou sua notória Quinta Brigada — uma tropa de elite treinada na Coreia do Norte — para conter protestos dos moradores de Matabelelândia, da etnia Ndebele, rival do povo Shona, de Mugabe. Mais de 20.000 pessoas foram mortas e milhares foram presas em campos de concentração e torturadas. A operação foi batizada com o poético nome de *Gukurahundi*, que em shona significa "A chuva que lava a palha antes das chuvas da primavera".

As autoridades do Zimbábue tentaram ocultar a operação Gukurahundi do restante da população e dos estrangeiros. Embora alguns diplomatas e jornalistas soubessem do acontecido, as informações que chegavam ao público eram poucas e desencontradas. Os esforços durante a guerra de libertação renderam a Mugabe um status de herói, tanto doméstico como no exterior, que perdurou até a década de 1990, quando já havia se tornado um ditador inveterado.

Uma campanha arrasadora

Depois que Prince Johnson matou Samuel Doe, a guerra civil na Libéria se converteu numa caótica batalha de guerrilhas de diversos tipos. A guerra civil foi oficialmente encerrada em 1995, depois de longas negociações. Em 1997, foram realizadas eleições, e Charles Taylor não perdeu a oportunidade de concorrer à presidência.

Ninguém pode acusar Taylor de ter feito uma campanha eleitoral desonesta. Ele concorreu com o cativante slogan *"He killed my ma, he killed my pa, but I will vote for him"* ("Ele matou minha mãe, matou meu pai, mas eu voto nele"), e obteve uma vitória esmagadora, com 75% dos votos, um desempenho que se explica pelo temor dos eleitores diante da possibilidade de Taylor começar uma nova guerra civil caso fosse derrotado. Ellen Johnson Sirleaf, que mais tarde seria eleita presidente e receberia o Prêmio Nobel da Paz, teve apenas 10% dos votos.

Para se tornar um ditador nem sempre é preciso recorrer à violência. Como Taylor provou, é perfeitamente factível eleger-se democraticamente e depois se tornar um ditador. Como mencionado, os heróis da libertação geralmente têm pela frente o caminho fácil da vitória militar à vitória nas eleições, mas, sem uma luta de libertação, você precisará vencer as eleições da maneira tradicional. Antes de assumir o poder, não há muito o que fazer para fraudar os resultados. Essa oportunidade você só terá mais tarde, quando for o responsável por convocar as eleições, um assunto que retomaremos no próximo capítulo.

Sonhar com a Disneylândia

Uma boa parte dos ditadores de hoje não precisou se esforçar para assumir a chefia de Estado. Eles simplesmente herdaram a posição. Uma das maneiras mais seguras de se tornar um ditador é ter um pai ditador. Herdar o poder estatal é uma sólida e antiga tradição. Até na Noruega, que está longe de ser uma ditadura, onde existe por uma família real sem poder político efetivo. Em outras partes do mundo, entretanto, ainda existem várias monarquias absolutistas.

O presidente do Azerbaijão, Ilham Aliyev, recebeu o cargo das mãos do pai, Heydar Aliyev, em 2003. Bashar al-Assad tornou-se presidente da Síria em 2000, depois da morte do pai, Hafez al-Assad, que governou o país por 29 anos. No Gabão, Ali Bongo Ondimba se tornou presidente quando seu pai, Omar Bongo, morreu em 2009. Em 2005, quando morreu o presidente do Togo, Gnassingbé Eyadéma, foi nomeado sucessor seu filho, Faure Gnassingbé. Após muita pressão dos países vizinhos, Gnassingbé renunciou ao cargo de chefe de Estado interino, mas foi eleito presidente no final do mesmo ano, numa eleição marcada por fraudes.

Na Coreia do Norte, a sucessão dinástica se tornou uma espécie de regra para a escolha de líderes. Em dezembro de 2011, Kim Jong-un assumiu o poder no país depois que seu pai morreu. Jong-un tornou-se assim o terceiro ditador da dinastia Kim, depois do avô, Kim Il-sung, e do pai, Kim Jong-il.

Há também as monarquias tradicionais. O rei Mswati III, de Essuatíni (antiga Suazilândia) herdou o trono do rei Sobhuza II. O sultão Hassanal Bolkiah, de Brunei, sucedeu seu pai, Omar Ali Saifuddien III. O rei Abdullah II herdou o trono na Jordânia quando seu pai, o rei Hussein, morreu em 1999.

O xeque Khalifa bin Zayed bin Sultan al--Nahyan assumiu o cargo de presidente dos Emirados Árabes Unidos e emir de Abu Dhabi quando seu pai, Zayed bin Sultan al-Nahyan, morreu em 2004. Além disso, os outros seis emirados também são monarquias absolutas, nos quais os atuais emires também herdaram o cargo.

A linha sucessória nem sempre passa de pai para filho. Na Arábia Saudita, o rei Abdullah assumiu o cargo de seu meio-irmão, rei Fahd, que por sua vez assumiu o cargo de outro meio--irmão, atestando a impressionante fertilidade do rei Abdul Aziz, fundador da Arábia Saudita. Mas a perpetuação de uma família no poder pode ser um problema para quem tem um espírito ditatorial. Se seu pai não for um ditador, suas chances de herdar uma ditadura serão naturalmente pequenas, mas a possibilidade pode ser contornada casando-se com algum dos herdeiros, por exemplo. Depois que ele (ou ela) assumir o poder, tudo que você tem a fazer é encontrar uma maneira de escanteá-lo.

A fim de se aproximar do seu objetivo é preciso antes de tudo saber onde os herdeiros se encontram. Eles costumam ser encontrados em *resorts* de luxo na Riviera Francesa, em Mônaco ou em alguma ilha do Caribe. Estar na companhia de príncipes, *playboys* e princesas festeiras num paraíso de veraneio qualquer é uma das maneiras mais agradáveis de ascender ao topo. É só escolher bem o seu alvo.

Algo que nem sempre é fácil, pois um ditador pode se desentender com os filhos e escolher um novo favorito. Na Coreia do Norte, por exemplo, Kim Jong-nam era considerado o sucessor legítimo de Kim Jong-il até o dia em que papai mudou de ideia. Uma das razões foi a insistência do filho do ditador em visitar a Disneylândia, que infelizmente não possui uma filial na Coreia do Norte. Em maio de 2001, Jong-nam foi preso no aeroporto de Tóquio com um passaporte dominicano falso em nome de Pan Xiong — "Urso Gordo", em chinês. Estava acompanhado por duas mulheres e pelo filho de quatro anos. Jong-nam foi mantido sob custódia durante vários dias até ser deportado para a China. No interrogatório, afirmou que fora ao Japão visitar a Disneylândia nos arredores de Tóquio. Jong-nam disse que rompeu com o pai depois que defendeu reformas econômicas e passou a ser considerado um capitalista.

Infelizmente, a sucessão nem sempre ocorre como os ditadores querem. Durante muito tempo se acreditou que o presidente do Egito, Hosni Mubarak, preparava seu filho Gamal para assumir o poder no país. Mas a carreira política de Gamal terminou precocemente quando Mubarak foi derrubado, em fevereiro de 2011.

Em geral, tenha em mente que é mais seguro investir em herdeiros de monarquias estabelecidas. Existem certas regras para a sucessão dinástica que são bastante claras e fornecem um certo nível de segurança. Se você for mulher, uma boa aposta é Teodorin Nguema Obiang. São muitos os indícios de que o filho do ditador da Guiné Equatorial está sendo preparado para herdar o poder de seu pai, Teodoro Nguema Obiang Mbasogo. Teodorin vive uma vida feliz festejando, pilotando carros velozes e desfrutando a companhia de mulheres bonitas, como veremos mais adiante no capítulo sobre a família e os amigos dos ditadores.

Para os homens, a dica é Dariga Nazarbaeva, filha do presidente do Cazaquistão, Nursultan Nazarbaev. Nazarbaeva é deputada no parlamento do Cazaquistão e apontada como a provável sucessora política do pai. Ela se divorciou em 2007 e está solteira, mas sua posição de herdeira sofreu abalos nos últimos anos, depois que desafiou politicamente o pai. Gulnara Karimova é vista por muitos como uma sucessora em potencial de seu pai, o presidente do Uzbequistão, Islam Karimov. Alguns comentaristas acreditam que ela desperdiçou a chance ao criticar o governo do pai. Em 2012, foi colocada em prisão domiciliar e pouco se soube dela desde então. A lição mais importante é acompanhar de perto as notícias para não correr o risco de engatar um relacionamento com um herdeiro ou herdeira que tenha caído em desgraça.

Os caminhos que levam ao poder são muitos. Cabe a você descobrir o melhor método para o país do qual você decidiu se tornar o soberano. Uma vez que você tenha se firmado como ditador, os desafios estão longe de terminar. Chegar ao poder é fácil. Manter-se lá é outra coisa.

Como manter o poder

Em 1992, Serra Leoa, um país na costa oeste da África, era governado pelo major-general Joseph Saidu Momoh. Momoh foi eleito em 1985, num referendo onde era o único candidato. Serra Leoa é um país pequeno e muito pobre, e a situação econômica não melhorou sob o governo Momoh. Em 1991, a guerra na vizinha Libéria se propagou para Serra Leoa, dando início a uma longa guerra civil.

Em abril de 1992, coube ao jovem capitão Valentine Strasser liderar uma companhia na região de Kenema, riquíssima em diamantes. Até então, o maior sucesso de Strasser fora na pista de dança, vencendo sucessivas competições de discoteca. Sem que ele soubesse, o destino lhe reservava algo maior. Os soldados do governo tentavam se livrar dos rebeldes que atuavam na região, mas o presidente Momoh negligenciara uma das regras mais importantes de uma ditadura: pagar seus soldados.

Em Kenema, Strasser foi recepcionado por uma soldadesca cujos soldos estavam atrasados havia três meses. O jovem e ambicioso militar resolveu tomar as rédeas do problema. Entrou num carro e foi dirigindo sozinho rumo à capital, Freetown. Ao longo do caminho, soube do boato de que estava indo derrubar o presidente Momoh. Quando chegou ao quartel-general de Momoh, o ditador não estava preparado para um confronto e lhe entregou o cargo.

Pelo menos é o que diz uma versão da história. Outros afirmam que Strasser planejou depor Momoh num conluio de jovens oficiais, que foram ao palácio presidencial juntos. Lá surpreenderam Momoh sentado na privada, vestindo apenas um roupão. Independentemente da versão correta, Momoh se rendeu sem oferecer resistência e rapidamente embarcou num helicóptero para a vizinha Guiné.

Strasser, de 25 anos, assumiu o cargo e se tornou o mais jovem chefe de Estado do mundo sem ter herdado o cargo. Aliado a uma junta de jovens oficiais, governou a Serra Leoa até 1996, quando foi deposto num novo golpe militar, liderado pelos antigos aliados de Strasser. Como seu antecessor, Strasser foi deportado para a Guiné, e o único título que conseguiu preservar foi o de *King of Disco*.

O caminho de Strasser ao poder pode ter sido mais fácil e curto que o da maioria dos outros ditadores, mas este não foi o único golpe na história a ocorrer ao sabor do acaso. Tornar-se um ditador não é nada difícil caso você esteja no lugar certo na hora certa. Esta história ilustra outro ponto: o problema não é tanto chegar ao poder. Preservá-lo durante um longo período de tempo requer esperteza, finesse e tato, características que, obviamente, faltavam a Strasser.

Oposição a sumir de vista

Um ditador vive perigosamente. É um trabalho que desperta muita inveja e lhe renderá muitos inimigos. Sempre existe o perigo de golpe dentro do golpe, revoluções e atentados. Além disso, você deve estar constantemente preparado para revoltas populares, críticas internacionais e apelos por reformas democráticas. Felizmente, existem maneiras de conseguir isso. A experiência ensina que, com um aparato de segurança eficaz, um plano de propaganda bem pensado e manobras políticas elegantes, você pode prolongar seu mandato pela vida inteira — em alguns casos, até mais. Kim Il-sung, por exemplo, que morreu em 1994, permanece sendo o eterno presidente da Coreia do Norte .

Até o melhor dos déspotas enfrenta alguma resistência doméstica. A quantidade de oposição permitida por um ditador pode variar, mas não é preciso muito para a bola de neve começar a rolar e não poder mais ser contida. Felizmente, existem várias medidas de eficácia comprovada para limitar e deter a oposição política.

Uma comunidade de espiões, elevada ao estado da arte pela Stasi na Alemanha Oriental, é um método que funciona bem. Uma população em constante medo de ser presa é uma população mais dócil. Aterrorizar seus oponentes é outra técnica clássica de mantê-los ao longe, e a maneira mais fácil de fazer isso é varrê-los da face da Terra. Nas ditaduras da América Latina, eliminar adversários era um expediente tão corriqueiro que até o verbo "sumir" passou a ser transitivo: "sumir com alguém". Em 2012, o ditador argentino Jorge Rafael Videla (1976-1981) admitiu que seu regime fez desaparecer entre 7.000 e 8.000 pessoas. Sumir com elas foi absolutamente necessário, sustentava o ditador, que morreu na prisão, em 2013, acusado de assassinato e tortura. O único erro, segundo ele, foi fazer com que os assassinatos parecessem desaparecimentos sem explicação.

— Digamos que 7.000 ou 8.000 pessoas precisassem morrer para vencermos a guerra contra a subversão. Não havia alternativas. Concordamos que era o preço a pagar na luta contra a subversão e não precisávamos ser tão óbvios, então a sociedade percebeu. Portanto, para evitar protestos dentro e fora do país, decidimos que essas pessoas tinham que desaparecer. Cada desaparecimento pode ser entendido como uma tentativa de ocultar um assassinato — declarou Videla numa entrevista ao escritor Ceferino Reato.

O ex-ditador também revelou que filhos dos oposicionistas eram raptados e adotados clandestinamente. Com sorte, as crianças recebiam de seus pais adotivos uma educação militarista, centrada em valores de extrema-direita.

Felizmente, existem métodos menos violentos de permanecer no poder. Se você for rico o bastante, pode simplesmente comprar o apoio popular. O xeque Hamid bin Khalifa al-Thani, emir do Catar, mantém seus súditos felizes proporcionando-lhes um padrão de vida excepcionalmente alto. A renda média dos 250.000 habitantes do emirado rico em petróleo ultrapassa os 400.000 dólares — uma pechincha.

Como ganhar uma eleição

Como outros chefes de Estado, ditadores enfrentam resistência e oposição de certos segmentos da população. Mas, diferentemente de uma democracia, uma ditadura tem à disposição uma vasta gama de ferramentas para se perpetuar no poder, não importa o que a população possa pensar.

Numa ditadura moderna, a oposição normalmente exigirá a realização de eleições livres. Além disso, como ditador, você estará sujeito a pressões internacionais para realizar reformas democráticas. A intensidade dessas pressões varia. No mais das vezes, é tão discreta que pode ser ignorada. Se você é um ditador num país com muito petróleo, é mais provável que as objeções a seu regime autoritário se limitem a cochichos pelos corredores da ONU. A Arábia Saudita, por exemplo, tem um regime autoritário e opressivo, mas escapa às críticas internacionais porque o mundo depende do petróleo árabe. No Zimbábue, por outro lado, não há uma gota de óleo. Assim, a pressão internacional por reformas democráticas contra o regime do presidente Robert Mugabe foi bem maior.

Eleições democráticas são um expediente estranho às ditaduras. Como ditador, não é a vontade do povo que determina quanto tempo você deve ocupar o poder. Afinal, as pessoas não sabem o que é melhor para elas; quem sabe é você. No entanto, em alguns casos, pode ser um bom negócio realizar eleições, nem que seja apenas com o intuito de calar a boca de líderes de micronações idealistas como a Noruega. Além disso, eleições democráticas apresentam uma série de outras características úteis.

Permitir uma certa oposição lhe dá uma melhor perspectiva do que seus oponentes andam aprontando. Realizar uma eleição sinaliza a disposição de introduzir reformas democráticas, algo que você pode usar como argumento contra os críticos. Caso faça a coisa certa e obtenha o resultado desejado sem muito estorvo, uma eleição lhe dará maior legitimidade.

Felizmente, existem muitas maneiras de garantir a vitória nas eleições. Inserir suas próprias cédulas preenchidas nas urnas, um recurso ainda amplamente utilizado, tem a desvantagem de ser facilmente descoberto. Imagens feitas por aparelhos celulares correrão o mundo instantaneamente e resultarão em protestos, tanto em casa como no exterior. É o tipo de fraude que pode funcionar em alguns casos, mas a tendência agora é empregar métodos menos óbvios.

Se você tomar as devidas precauções, não precisará chamar a atenção no dia do pleito. Lembre-se de que é você quem faz as leis, e elas podem ser criadas para que o resultado da eleição esteja acima de qualquer suspeita.

Assenhorar-se da mídia é um dos meios mais eficazes. Procure ter o controle total dos canais de TV mais importantes do país. Deter o monopólio da mídia eletrônica não é de todo difícil e é a norma entre as ditaduras. Verifique se os canais estatais estão sob o controle de partidários seus e crie regras que possam ser usadas para fechar os canais independentes quando eles se tornarem críticos demais. Será mais fácil tirá-los do ar por causa de tecnicalidades burocráticas. Leis que proíbem insultos à nação ou ao presidente são bastante eficazes para calar os críticos, mas não se esqueça de dar à oposição um pequeno espaço na mídia. Torna a ilusão da livre escolha mais realista.

Imagem é tudo. A mídia, é claro, deve se concentrar em suas vitórias políticas, nas boas ações do governo e no papel de destaque que você vem assumindo no plano internacional. Para alguns, criar uma imagem atlética rendeu bons resultados. Um bom exemplo é o homem forte da Rússia, Vladimir Putin, que meticulosamente construiu uma imagem de esportista e amante da natureza, deixando-se fotografar caçando tigres, pescando e cavalgando com o torso nu. Até que ponto isso corresponde à realidade é outra questão: a ideia aqui é não desperdiçar a oportunidade de uma boa foto.

Seja como for, o mais importante é posar de estadista. Por isso, é preferível que você faça aparições na TV desempenhando seus deveres como líder da nação em vez de participar ativamente da eleição. Deixe que a mídia se ocupe da campanha eleitoral em si, referindo-se a si mesmo de forma lisonjeira e ridicularizando a oposição. Dado que os meios de comunicação estão sob controle, espalhar notícias desabonadoras sobre seus adversários é muito fácil. Por exemplo: eles têm algum vínculo com organizações estrangeiras? Isso é um sinal muito claro de que estão sob a tutela de países com aspirações imperialistas.

Você também pode influenciar os resultados da eleição dificultando o registro de eleitores oposicionistas. Grupos que dependem diretamente da sua liderança e magnanimidade, como soldados, presos, funcionários públicos ou de empresas estatais, têm maior probabilidade de votar em você do que eleitores de outros estamentos sociais. Assegure-se de que eles estejam registrados para que possam votar em grupo, de preferência organizados automaticamente por local de trabalho. As empresas também podem providenciar transporte para levar seus funcionários às seções eleitorais.

Nas áreas onde você tem pouco apoio, cuide para que as seções eleitorais abram mais tarde e fechem mais cedo. Além disso, faça o necessário para que haja filas longas, um fator desmotivador para boa parte dos votantes. As seções eleitorais devem ter poucas cédulas e as listas de eleitores devem conter erros. São irregularidades que serão facilmente consideradas erros humanos, sem indícios de dolo. Comprar votos de eleitores pobres em troca de alimentos e bebidas também funciona muito bem.

Assediar e prender a oposição é uma técnica clássica. O problema é que, a exemplo da fraude nas urnas, esse é um método que facilmente resultará em protestos. Pode funcionar em países como a Coreia do Norte, cujo controle sobre a população é tão rigoroso que ninguém ousará protestar, haja o que houver. Em vez de recorrer à violência, é mais comum hoje em dia barrar as candidaturas de oposição, tornando o processo de registro de candidaturas tão complicado que sempre será possível impugná-lo devido a alguma filigrana técnica.

Criar a própria oposição é uma estratégia interessante para controlá-la. Depois de ser criticado por esmagar a oposição no Cazaquistão, o presidente Nursultan Nazarbaev permitiu que sua própria filha, Dariga Nazarbaeva, fundasse o partido oposicionista Asar ("Todos Juntos"). Ela foi eleita para o Parlamento em 2004. Durante um período, Nazarbaeva foi também diretora do grupo de mídia Khabar (do qual também é sócia com uma participação desconhecida), que durante os períodos eleitorais costuma cobrir com bons olhos os aliados ao governo. Nas eleições de 2004, por exemplo, o Asar recebeu cerca de metade de toda a cobertura eleitoral do grupo Khabar. Depois do pleito, o Asar coligou-se ao partido do presidente, Otan.

Outro exemplo ilustrativo foi a eleição presidencial no Turcomenistão, em fevereiro de 2012. Vários candidatos concorriam, mas todos eram filiados ao partido do atual presidente Gurbanguly Berdimuhamedov. Nos debates e comícios, em vez de pedir votos para si mesmos, todos prefeririam elogiar os feitos de Berdimuhamedov. Não surpreende, portanto, a vitória esmagadora do presidente, com 97% dos votos.

Segundo o secretário de Josef Stálin, foi o ditador soviético o autor da frase "Acho irrelevante em quem os camaradas partidários votam. O que importa é o seguinte: quem contará os votos". Como sempre, o velho comunista tinha lá sua razão. Muita coisa pode ser feita depois que os votos são depositados na urna. Trate de garantir que elas passem a noite num local pouco vigiado, por exemplo.

Infelizmente, é cada vez mais difícil manter observadores internacionais longe das eleições. A ONU e outras organizações intergovernamentais estão trabalhando ativamente para monitorar eleições em regimes autoritários, mas isso não é necessariamente motivo de preocupação. É possível fazer um lobby e receber a visita de observadores amigáveis, oriundos de países que não têm interesse em revelar fraudes eleitorais alheias, por exemplo, ou de outras ditaduras ou países dependentes de um bom relacionamento com o ditador que está concorrendo. Também pode ser interessante contar com observadores de duas ou mais organizações. Se as avaliações forem divergentes, o que geralmente acaba acontecendo, a credibilidade de ambos fica abalada. Observadores da Comunidade dos Estados Independentes, um clube que reúne repúblicas que pertenciam à antiga União Soviética, sediado na Bielorrússia, são mais inclinados a reconhecer um resultado eleitoral questionável do que, por exemplo, observadores da União Europeia.

Obviamente, um ditador experiente pode decidir por si mesmo o volume de apoio que *de-*

seja receber numa eleição. Tudo é uma questão de bom senso, mas 99% é uma cifra bastante comum. Tanto Raúl quanto Fidel Castro obtiveram cerca de 99% dos votos em seus distritos eleitorais durante as eleições parlamentares cubanas de 2008. Em 2009, o falecido ditador da Coreia do Norte, Kim Jong-il, recebeu 99,9% dos votos em seu distrito nas eleições parlamentares do país, que tiveram um comparecimento de 99,98% dos eleitores. Saddam Hussein detém o recorde de 100%, obtido durante um referendo em outubro de 2002, no qual pedia a confiança do povo para governar por mais sete anos. Obter mais do que 100% dos votos parece uma tarefa impossível, mas ditadores desconhecem limites. Durante as eleições presidenciais na Rússia, em março de 2012, o aspirante a ditador Vladimir Putin recebeu 1.482 dos votos no distrito eleitoral 451, localizado em Grózni, capital da Chechênia. Seu rival mais próximo, o líder do Partido Comunista, Gennady A. Ziuganov, teve apenas um único voto. O total de eleitores registrados no Distrito 451 era de 1.389, o que deu a Putin 107% dos votos. Um feito e tanto.

A grande questão é, portanto, o volume de apoio que um ditador *deve* receber. Se for grande demais, uma vitória eleitoral pode induzir protestos; se for pequena demais, pode aumentar perigosamente a participação da oposição. Um apoio de mais de 90% sempre parecerá suspeito, mas certos ditadores têm dificuldade de compreender o que tanto querem os críticos. O presidente da Bielorrússia, Alexandr Lukashenko, observou que é muito difícil satisfazer os políticos ocidentais. Nas eleições presidenciais de 2006, segundo dados oficiais, Lukashenko recebeu 93,5% dos votos. Ante as alegações de fraude eleitoral, que ele próprio admitiu, o ditador alterou o resultado para 86%. A jornalistas ucranianos, declarou candidamente: "Sim, nós fraudamos os resultados. Já dissemos isso ao Ocidente".

Mesmo assim, o presidente ficou nitidamente desapontado diante da relutância dos críticos ocidentais em aceitar o resultado. "Na verdade, 93,5% votaram no presidente Lukashenko. Disseram que esse resultado não é um padrão europeu. Então nós mudamos o número para 86%. [...] Antes da eleição, disseram que se apresentássemos um padrão europeu, a eleição seria aprovada, e foi isso que tentamos obter, um padrão europeu. Mas, como você pode ver, não foi suficiente", disse um frustrado ditador bielorrusso.

Comece desde cedo

"Você pode enganar todo mundo algumas vezes, você pode enganar alguém o tempo todo, *mas não pode enganar todo mundo o tempo todo*", disse Abraham Lincoln, que, obviamente, não era nenhum ditador. A maioria dos déspotas gasta muito tempo e esforço para demonstrar às pessoas os prodígios de seu regime.

A propaganda é uma das ferramentas mais importantes que os ditadores têm à mão. É fato que todas as ditaduras contam com alguma espécie de departamento de propaganda — algo raramente encontrado nas democracias —, num sinal de como o controle do fluxo de informações para o povo é importante para um ditador. A propaganda pode assumir várias formas. Em muitos países, cartazes enormes com mensagens à população ou palavras de sabedoria proferidas pelo ditador são exibidos pelas ruas. Livros didáticos são adaptados para garantir que as facetas corretas do regime sejam exaltadas e as realizações do ditador recebam a menção adequada.

Num livro da escola primária iraquiana da época de Saddam Hussein, Amal e Hassan são personagens recorrentes. Amal segura um retrato de Hussein e diz: "Venha, Hassan, vamos cantar pela nossa terra e escrever o nome do 'Nosso Amado Saddam' ". Hassan responde: "Eis-me aqui para cantar 'Ó, Saddam, nosso corajoso presidente, somos todos soldados defendendo as fronteiras para ti, carregando armas e marchando rumo ao sucesso' ".

Todas as disciplinas eram permeadas com a propaganda de Hussein. Durante as aulas de ginástica, os alunos se exercitavam proclamando "Bush, Bush, ouça: todos nós amamos Saddam". Nas aulas de matemática, os alunos eram apresentados a problemas como "Se você derrubar quatro aviões com três ianques em cada um, quantos norte-americanos matou?".

Quando as coisas não correm como o esperado, sempre se pode blefar. As safras não estão dando conta de alimentar a população? Escreva nos jornais que a colheita bateu recordes. A ONU o criticou? Mostre algumas imagens da Assembleia Geral sob uma trilha sonora de aplausos. Numa ditadura, a verdade nunca é inconteste.

No início da década de 1980, o presidente romeno Nicolae Ceauşescu ordenou que quase todos os produtos agrícolas do país fossem exportados para pagar a enorme dívida externa que ele mesmo contraíra. Diante da escassez de alimentos e da fome que grassava, Ceauşescu minimizou os problemas afirmando que os romenos comiam demais. Para justificar a afirmação, ele inventou uma dieta própria, com "bases científicas". Felizmente, nela quase não havia carne e laticínios, gêneros importantes na dieta romena que passaram a escassear no mercado. Ceauşescu também estrelou um filme de propaganda no qual inspecionava grandes quantidades de carne e frutas frescas para mostrar que as metas de produção haviam sido alcançadas. Poucos sabiam que boa parte daquela comida não passava de adereços cenográficos.

Supremacia racial

Algumas das formas mais eficazes de propaganda são mobilizar a população contra um inimigo externo e apelar a instintos básicos como nacionalismo e racismo. Ninguém fez isso com tanto sucesso e eficácia quanto as três gerações dos Kim, na Coreia do Norte. Desde que Kim Il-sung chegou ao poder, em 1945, as autoridades de Pyongyang vêm urdindo uma das mais criativas concepções de realidade que o mundo jamais viu.

A marca registrada da propaganda norte-coreana é apresentar narrativas diferentes para diferentes públicos. A história que é servida ao povo norte-coreano não é a mesma direcionada aos estrangeiros, por exemplo. Ardilosamente, o regime de Pyongyang distorce a propaganda interna para impedir que estrangeiros saibam a que tipo de comunicação a população está sendo exposta. Já os norte-coreanos são apresentados a uma maneira peculiar de como a Coreia do Norte é percebida pelo mundo exterior. Confuso? Você não está sozinho. Por mais de 70 anos, os especialistas em propaganda norte-coreanos vêm confundindo norte-americanos, russos e o restante do mundo.

Os japoneses forneceram os alicerces. A Coreia se tornou um protetorado japonês em 1905, e o Japão anexou a Península Coreana em 1910. Os coreanos, que até então se consideravam guardiões da cultura chinesa, foram submetidos a uma propaganda maciça para se "japonizarem". Ambos os povos pertenciam a uma raça imperial e moralmente superior. Os coreanos foram autorizados a cultivar seu próprio nacionalismo, desde que concordassem em fazer parte do universo nipônico.

Em agosto de 1945, as forças soviéticas expulsaram os japoneses da península coreana e se instalaram em Pyongyang. As forças norte-americanas chegaram em setembro e assumiram o controle do sul da península. Como sempre, Stálin não estava particularmente interessado em deixar em paz territórios libertados após a Segunda Guerra Mundial. Os russos precisavam de um líder que lhes fosse simpático e, na ausência de algo melhor, encontraram Kim Il-sung.

Kim Il-sung estreou em público com 33 anos, num comício em 14 de outubro de 1945, para homenagear os libertadores soviéticos. Ele passou a guerra na União Soviética, mas já havia combatido os japoneses alistando-se no exército de Mao Tsé-tung. Um ataque a um campo militar japonês em 1937 rendeu-lhe uma certa fama como guerrilheiro.

Como ninguém na Coreia do Norte era versado no marxismo, o novo regime começou a produzir sua própria propaganda, bem diferente daquela dos países comunistas europeus. Muito foi inspirado na propaganda de ocupação japonesa, incluindo a ideia da raça superior. O ponto culminante da Coreia do Norte, o monte Paektu, por exemplo, cumpre o mesmo papel que o monte Fuji na mitologia japonesa.

Os coreanos são, portanto, uma raça com características únicas. Nascem virtuosos, têm uma pureza inata e por isso são tão vulneráveis.

São como crianças que precisam ser protegidas de um ambiente hostil. A narrativa da propaganda é cheia de coreanos ingênuos e infantis, enquanto os heróis são figuras maternas protetoras. Na propaganda, a Coreia é um território de belezas naturais incomparáveis, um porto seguro e o hábitat dos coreanos. Lendas imemoriais se convertem em fatos históricos e, segundo a história oficial, o país tem raízes profundas na nação mais antiga da Ásia. Ao longo dos séculos, estrangeiros gananciosos vêm tentando abrir caminho para explorar as riquezas naturais dos coreanos amantes da paz.

Na nova história da Coreia, Kim Il-sung é um heroico guerrilheiro que lutou contra as forças ocupantes a partir de uma base secreta localizada no monte Paektu. O fato de ter passado a guerra na União Soviética é um detalhe desimportante.

Em agosto de 1948, a Coreia do Sul se declarou independente, no que foi imediatamente seguida pela Coreia do Norte. Ao mesmo tempo, Kim tinha planos de uma unificação militar. A propaganda denunciava a brutal ocupação norte-americana e afirmava que os sul-coreanos ansiavam pela chegada dos norte-coreanos libertadores. Os EUA entraram na guerra e bombardearam a Coreia do Norte. Os norte-americanos eram retratados como uma raça intrinsecamente maligna, degenerada e retardada. Um conto intitulado "Os chacais" conta a história de missionários estadunidenses que matam uma criança coreana com uma injeção de bactérias letais. É uma narrativa muito popular na Coreia do Norte, onde é tida como verdade histórica.

A Guerra da Coreia foi iniciada pela Coreia do Norte, e foi a Coreia do Norte quem quis negociar os termos de um armistício quando viu as coisas começando a dar errado. Na Coreia do Norte, porém, a história oficial é que os Estados Unidos recorreram a uma emboscada cruel. O armistício assinado em 27 de julho de 1953 é descrito na Coreia do Norte como a rendição do inimigo.

A Coreia do Norte também desempenhou um papel ambíguo diante da União Soviética, seu principal aliado. Por um lado, Kim precisava se sobressair como aliado e membro do bloco comunista para obter apoio, enquanto a propaganda interna continuava a levar adiante a mensagem da superioridade coreana. Num discurso em 1955, Kim Il-sung disse que "amar a União Soviética é amar a Coreia", mas ao mesmo tempo peças teatrais soviéticas eram banidas do território coreano. Diplomatas do Leste Europeu relatavam uma atitude hostil generalizada diante de estrangeiros, e nas ruas eram alvo de crianças que lhes atiravam pedras.

A julgar pela mídia local, que nunca os noticia, na Coreia do Norte não há crimes. Os coreanos virtuosos e morais são simplesmente incapazes de cometê-los. Podem, sim, ser enganados por estrangeiros malvados ou incorrer em travessuras infantis. O regime também não inventa acusações criminais contra presos políticos, como é comum em outras ditaduras. Em vez disso, pessoas incômodas parecem ter o hábito de desaparecer.

O único problema da propaganda norte-coreana era a falta de um elemento acadêmico e revolucionário. Num discurso de dezembro de 1955, Kim usou pela primeira vez a palavra *Juche* — que pode ser traduzida como "autossuficiência" — para se referir aos estudos ideológicos sobre a Revolução Coreana. O discurso foi interpretado no Ocidente como uma manifestação do nacionalismo coreano, algo que Kim não deixou passar despercebido. Na década de 1960, a teoria Juche passou a ser divulgada como uma contribuição intelectual de Kim à teoria marxista. Segundo a propaganda norte-coreana, em todo o mundo grupos de estudo mergulham nos textos de Kim Il-sung e Kim Jong-il sobre a Juche. Como Kim Il-sung jamais teve algum destaque como formulador ideológico, foi preciso inventar uma história para dar conta da ideologia Juche. A história oficial diz que Kim mencionou a brilhante teoria Juche pela primeira vez em 1930, quando tinha 18 anos, durante uma reunião com revolucionários. Em 1997 introduziu-se no país um novo calendário, no qual o ano de nascimento de Kim Il-sung, 1912, é chamado Juche 1, e os anos seguintes são Juche 2, Juche 3 e assim por diante. O ano de 2020 é Juche 109.

A vantagem da Juche é ser uma teoria tão vaga que, na realidade, diz muito pouco. Segundo Kim Il-sung, o princípio básico da Juche é que "o homem é o senhor de tudo e tudo decide". Os princípios mais importantes da Juche são a autonomia política, a autossuficiência financeira e a independência militar da Coreia. A própria capital, Pyongyang, nunca fez jus aos ideais Juche. Ao longo dos anos, a Coreia do Norte recebeu ajuda da União Soviética, China e Estados Unidos. Apesar disso, a Juche cumpre duas funções: primeiro, confirma a posição de Kim Il-sung como um grande ideólogo político; segundo, desvia a atenção dos estrangeiros da propaganda real, com sua paranoia racista e nacionalista.

Um inimigo externo tende a mobilizar a população, um expediente que os líderes norte-coreanos sabem explorar como ninguém. O antinorteamericanismo é o espantalho da propaganda dos países comunistas, mas poucos traçam uma imagem tão assustadora dos norte-americanos quanto os norte-coreanos. Eles, os degenerados, serão para sempre os inimigos da Coreia do Norte. Nascem maus e nunca mudarão. "Assim como um chacal nunca pode se tornar um cordeiro, os imperialistas norte-americanos jamais deixarão de ser predadores." Nas imagens, os estadunidenses são representados com narizes compridos e retorcidos e um olhar injetado. Após a Segunda Guerra Mundial, os norte-americanos cobiçosos se apossaram da Coreia do Sul, onde a população vive em condições terríveis enquanto nutre o sonho de se unir à Coreia do Norte sob a fantástica liderança dos Kim.

Não são apenas os cidadãos norte-americanos, contudo, que figuram na propaganda. Todas as raças são inferiores aos coreanos. Os países amigos são retratados como Estados vassalos e inferiores a uma superpotência invencível, que vence em todas as frentes. Quando os Estados Unidos e a Coreia do Norte se reúnem, as negociações implicam uma rendição total dos norte-americanos. A Coreia do Norte, eterna vítima da agressão ianque, é uma superpotência invencível. Para os estrangeiros esta pode parecer uma contradição insuperável, mas para os gênios da propaganda em Pyongyang não há problema algum.

Nos últimos anos, tornou-se mais difícil manter as fronteiras fechadas. Durante a epidemia de fome da década de 1990, milhares de norte-coreanos fugiram para a China. Aqueles que retornavam traziam histórias de maior prosperidade. Notícias da Coreia do Sul estão disponíveis para um número maior de pessoas, e *pen drives* com novelas sul-coreanas são contrabandeados pela fronteira. As novelas se tornaram tão populares que a TV estatal faz campanha contra penteados, roupas e gírias sul-coreanas, de acordo com um artigo publicado pelo *The New York Times*.

Tudo isso torna mais difícil, mas não impossível, manter intacta a mensagem da propaganda. Felizmente, a mídia sul-coreana *também* é bastante hostil aos norte-americanos, embora seja cada vez mais difícil sustentar que a Coreia do Norte é uma terra de prosperidade se comparada aos vizinhos ao sul. Portanto, o regime foi forçado a admitir que os sul-coreanos estão melhores do ponto de vista material, mas anseiam por liberdade e pela unidade racial com o norte. A pujança do sul deve-se simplesmente aos EUA, que tentam fazer da "colônia" uma espécie de vitrine aos olhos do mundo.

Em junho de 2011, o telejornal norte-coreano noticiou um certo "índice global de felicidade". Segundo o índice, a Coreia do Norte é, surpreendentemente, apenas o segundo país mais feliz do mundo, atrás apenas da China, que obteve a pontuação máxima de 100 pontos. A Coreia do Norte obteve 98 pontos. Os próximos da lista são Cuba (93 pontos), Irã (88 pontos) e Venezuela (85 pontos). A Coreia do Sul vem muito atrás, na 152º posição, com míseros 18 pontos, enquanto os EUA são o país mais infeliz do mundo. O fato de os chineses serem considerados mais felizes do que os norte-coreanos só pode ser explicado porque não é mais possível manter em segredo o aumento da riqueza no país vizinho.

O aspecto prático da propaganda norte-coreana é que ela não promete bens materiais para o povo. Enquanto o marxismo-leninismo — ao qual a Coreia do Norte adere, pelo menos em teoria — procura sugerir que a população fica mais próspera com o passar do tempo, os líderes norte-coreanos sempre podem recorrer às ameaças externas para argumentar que o país precisa priorizar gastos com defesa em detrimento do padrão de vida de seus habitantes. O trabalho mais importante do líder é proteger a pura raça coreana, mesmo se isso implicar pesados sacrifícios materiais. A ausência de um bem-estar social na Coreia do Norte se explica porque todos os recursos materiais necessários são gastos nas forças armadas.

Na Coreia do Norte, a propaganda diz e reafirma que os coreanos são a raça mais pura, que precisa ser protegida do resto do mundo. Externamente, esse racismo não é mencionado. Aos olhos do mundo, a Coreia do Norte se apresenta como um Estado marxista, tendo a Juche como pretexto ideológico. Os estrangeiros são, assim, levados a acreditar que a propaganda interna descreve a Coreia do Norte como um paraíso comunista. Entretanto, o que os norte-coreanos sabem sobre o relacionamento do país com o resto do mundo? Os estrangeiros observam admirados o progresso norte-coreano e tentam compreender, a duras penas, a teoria Juche, mas, como pertencem a uma raça inferior, não há porque lhes dar atenção. Os líderes e diplomatas norte-coreanos costumam ser descritos como arrogantes e condescendentes, como convém a alguém que é superior aos seus colegas.

O regime da Coreia do Norte mostra como uma maquinaria de propaganda bem azeitada pode manter um ditador no poder, apesar das circunstâncias adversas. Já que você não pode enganar a população inteira o tempo todo, engane muitas pessoas durante muito tempo.

Idolatre-se

Um dos aspectos mais fascinantes de uma ditadura é a capilaridade que tem o ditador em todos os recantos da sociedade. Isto não se deve apenas às estátuas e fotografias nas praças e prédios públicos que, por seu turno, também contribuem para essa sensação de onipresença. Um ditador habilidoso consegue ser íntimo dos seus liderados, se infiltrar na superfície da paisagem e ocupar cada recôndito do país.

Sem isso, obter êxito com uma ditadura duradoura seria uma tarefa impossível. Se você não for capaz de assegurar status divino aos olhos das pessoas, sua infalibilidade será posta em dúvida, e isso é inadmissível. Você precisa criar uma autoimagem que as pessoas interpretem como um sinônimo do próprio bem-estar. A sua figura deve ser automaticamente associada ao Estado: sem um não há o outro.

Construir um culto à personalidade, portanto, não é algo que os ditadores fazem apenas por diversão ou porque o poder lhes sobe à cabeça (embora às vezes seja o caso). Bancar o Todo-Poderoso deve ser divertido, mas o culto à pessoa do ditador tem um lado prático. Em primeiro lugar, instila o medo. O sentimento de que você está presente em todos os lugares faz com que os dissidentes políticos pensem duas vezes antes de planejar uma revolta. Em segundo lugar, transmite uma impressão de invencibilidade. Quando as pessoas o equiparam a Deus, seus opositores terão mais dificuldades para desafiá-lo. Em terceiro lugar, você adquire o direito de governar sem limites. Desafiar sua liderança é o mesmo que desafiar a ordem da natureza.

O surgimento de um culto à sua pessoa é inevitável. "O poder corrompe, o poder absoluto corrompe absolutamente", escreveu Lord John Dalberg-Acton em 1887. Um ditador que está no poder há mais tempo acaba por acreditar em sua própria propaganda.

Nesta seção examinaremos vários fatores que se repetem quando os ditadores criam o mundo à sua própria imagem e, em seguida, veremos como isso pode ser engendrado na prática.

1. *Imagens e estátuas por toda parte*

A regra número um é estar visível. Mande erguer estátuas de si mesmo em todos os locais públicos: praças, rotatórias, canteiros centrais, estádios e ginásios esportivos, enfim, onde quer que haja pessoas passando. Um retrato seu deve estar visível em todos os prédios públicos, seja um hospital ou uma agência postal, para que os transeuntes vejam quem é que manda ali. Ditadores não prezam muito por manter essas imagens atualizadas, e, como resultado, várias ditaduras ostentam nas paredes de prédios públicos fotos feitas décadas atrás. Para outros, no entanto, é importante manter uma imagem atualizada de si mesmo. Quando o falecido ditador do Turcomenistão, Saparmurat Niyazov, tingiu de preto os cabelos grisalhos, todas as suas imagens públicas tiveram que ser substituídas ou retocadas. Pintores viraram a noite para retocar os enormes retratos que adornavam os edifícios da capital. Na propaganda pública, as madeixas pretas de Niyazov serviram para passar a mensagem de que o ditador gozava de boa saúde.

2. *Outorgue-se um título*

Um título ou epíteto sempre soa bem e o diferencia de chefes de Estado ordinários. O título deve evocar estadismo, coragem, paternidade e amor. Buscar inspiração em animais é garantia de sucesso. O longevo ditador do Zaire, Mobutu, apôs ao seu nome o imponente título Mobutu Sese Seko

Kuku Ngbendu waza Banga, que significa "O todo-poderoso guerreiro que conta com perseverança e determinação para ir de vitória em vitória deixando um rastro de fogo em suas pegadas", bem mais chamativo que o modesto nome Joseph-Desiré Mobutu que lhe deram seus pais. O ditador africano também era chamado de "O Leopardo".

3. *Crie uma doutrina estatal e lhe dê um nome pomposo*

"A religião é o ópio do povo", escreveu Karl Marx, e nada melhor para manter o povo em xeque do que o ópio. Infelizmente, manter a população em permanente estado de entorpecimento com ópio não é uma tarefa trivial, mas Marx ensina que podemos substituir o ópio por uma doutrina. Não precisa ser exatamente uma religião, mas algo semelhante, como uma ideologia do Estado. Ideologias estatais têm tanto em comum com as religiões que podem ser utilizadas em substituição a elas, como demonstrou a União Soviética usando o marxismo como doutrina oficial. Qualquer ditador digno do nome cria uma ideologia nacional de fundo religioso. Apenas trate de garantir a si mesmo um papel central nessa mitologia.

A ideologia de Muammar Gaddafi recebeu o imponente título de "Terceira Teoria Internacional", ou ainda "Terceira Teoria Universal", e é uma mistura de Islã, tradições tribais da Líbia, socialismo e pan-arabismo nacionalista. Examinaremos mais de perto as teorias políticas de Gaddafi no capítulo sobre literatura ditatorial.

4. *Escreva um livro*

As pessoas devem ter acesso aos seus pensamentos políticos. Publique-os. Escrever esse tipo de literatura é algo que qualquer um pode fazer, desde que inclua um caráter visionário, diretrizes morais e fundamentos para um ideário nacional. Levar esta mensagem adiante valendo-se da ficção é um caminho comprovadamente eficaz. Um livrinho fácil de levar consigo para qualquer lugar, a exemplo da coletânea de provérbios de Mao Tsé-tung, também não é má ideia.

5. *Marque presença no noticiário*

A mídia estatal só existe por uma razão apenas: contar ao mundo sobre você e seus feitos. Certifique-se de que jornais, TV e rádio cubram todas as agendas oficiais. Notícia nenhuma é desimportante — desde que não traga nada de negativo sobre você.

6. *Dê seu nome a tudo que puder*

Como pessoa mais importante do país, é natural que edifícios e lugares importantes levem seu nome. O mais comum é nomear ruas: cada cidade digna do nome precisa ter ao menos uma rua em sua homenagem. Obviamente, escolas, hospitais e universidades devem receber o nome da pessoa que os financia. Os aeroportos são outra aposta favorita. Deixe seu nome ser o primeiro a saudar os visitantes e o último que ouvirão antes de se despedirem. Aqueles que não se incomodam com excessos dão seu nome a uma cidade inteira, como Rafael Trujillo fez quando mudou o nome da capital da República Dominicana de Santo Domingo para Ciudad Trujillo. Como se não bastasse, também mudou o nome da montanha mais alta do país, de Pico Duarte para Pico Trujillo.

7. Imponha leis esdrúxula

Este é um ponto que às vezes escapa à atenção de certos ditadores, algo surpreendente considerando-se que submeter uma população inteira aos seus mínimos caprichos tem um quê de diversão. Proibir o rufar de tambores em dias úteis, como fez Jean-Bédel Bokassa na República Centro-Africana, pode ser contraproducente, mas é o tipo de lei que deixa claro como o poder ditatorial tem um caráter personalista. É você quem determina e mais ninguém.

O Rei Sol

Em 1990, Saparmurat Atayevich Niyazov tornou-se presidente do Soviete Supremo do Turcomenistão, isto é, líder supremo da República Soviética localizada na Ásia Central. Quando a União Soviética se desintegrou no ano seguinte, o Soviete Supremo declarou o Turcomenistão um Estado independente e Niyazov seu presidente. Em junho de 1992, ele foi o único candidato a concorrer na primeira eleição presidencial do país.

Niyazov foi rápido em alicerçar a ideologia estatal da jovem nação em torno de sua própria pessoa. Outorgou-se o título *Turkmenbashi*, "Pai dos Turcomenos", muitas vezes associado ao adjetivo *Beyik*, "Grande". Cartazes foram espalhados por todo o país com o slogan "Haik, Vatan, Turkmenbashi" — "Povo, Nação, Turkmenbashi" — a santíssima trindade que constitui a essência do Turcomenistão.

À primeira vista, o Turcomenistão nem parece um país digno de abrigar um ditador. Com menos de 5% de território agricultável, consiste principalmente num deserto subtropical. A população é de cinco milhões de habitantes, boa parte vivendo abaixo da linha da pobreza. No entanto, o Turcomenistão detém uma das maiores reservas de gás natural do mundo. Poucas coisas dão a um ditador tanta margem de manobra quanto petróleo e gás. Além disso, o país está estrategicamente localizado e faz fronteira com Irã e Afeganistão.

O culto à pessoa do Turkmenbashi é dos mais abrangentes e excêntricos que o mundo já viu. Niyazov dominou a arte de dar às coisas o próprio nome. Várias ruas passaram a se chamar Turkmenbashi e, quando se chega à capital, Ashgabat, o avião aterrissa no Aeroporto Internacional Saparmurat Turkmenbashi. A cidade de Krasnovodsk, no Mar Cáspio, mudou seu nome para Turkmenbashi. Várias marcas de vodca passaram a exibir a imagem do presidente no rótulo. Para aqueles que porventura queiram cheirar como o presidente, um perfume Turkmenbashi foi especialmente produzido. Mas as ambições de Niyazov não são apenas terrenas. Em 20 de junho de 1998, um meteorito caiu no Turcomenistão e foi chamado Turkmenbashi. Um pico de montanha também foi homenageado com o nome do presidente.

Niyazov também modificou os nomes dos meses do ano. O primeiro mês do ano foi chamado de Turkmenbashi, naturalmente. O mês de abril recebeu o nome da mãe do ditador, Gurbansoltan. Maio recebeu o nome do poeta nacional do Turcomenistão, Magtymguly, e setembro passou a se chamar Rukhnama, mesmo título de um livro escrito por Turkmenbashi. O ditador tinha um pendor por homenagear sua genitora. A palavra para "pão" foi alterada de *chorek* para *gurbansoltan edzhe*, o nome completo de sua mãe. Os dias da semana também foram alterados. Segunda-feira se transformou em *bashgun* ("dia principal"), terça-feira em *yashgun* ("dia da juventude"), quarta-feira em *hoshgun* ("dia bom"), quinta-feira em *sogapgun* ("dia da justiça"), e sexta-feira passou de *anna* para *annagun* ("dia da mãe"). O sábado se transformou em *rukhgun* ("dia do espírito") e o domingo em *dynshgun* ("dia do descanso").

Como bom ditador que era, Turkmenbashi introduziu uma série de novas leis. Cabelos e barba compridos foram proibidos. Viajantes que não observassem a lei tinham que cortar os cabelos e fazer a barba na fronteira. Quando Niyazov parou de fumar, em 1997, resolveu proibir o fumo em todos os locais públicos. Dentes de ouro, muito populares como substitutos de dentes podres em várias das antigas repúblicas soviéticas, também foram proibidos.

Balés, óperas e circos foram banidos. Cantores não puderam mais dublar músicas gravadas. Apresentadoras de telejornais foram proibidas de usar maquiagem, sob o argumento de que mulheres turcomenas são naturalmente bonitas e não precisam recorrer a esses artifícios. O ditador também alegou ter dificuldades em diferenciar homens de mulheres que usavam maquiagem.

Estátuas presidenciais foram, compreensivelmente, erguidas em todos os lugares. A obra-prima era uma torre de 75 metros de altura construída sobre um tripé diante do palácio presidencial, em Ashgabat. A torre, que recebeu o nome de Arco da Neutralidade, era encimada por uma estátua do Turkmenbashi banhada a ouro, de dez metros de altura. Ao longo do dia, a estátua girava em torno de seu eixo para que o rosto do ditador sempre estivesse banhado pelos raios do sol.

A obra-prima literária do Turkmenbashi, *Rukhnama*, tornou-se a nova *Bíblia* do Turcomenistão. O livro é uma mistura feliz (no sentido literal) de autobiografia, guia espiritual e livro de história. As mesquitas do país foram obrigadas a exibir o livro ao lado do *Alcorão*. A equipe do presidente debateu a possibilidade de proclamar o

Turkmenbashi um profeta do Islã, mas optou por não fazê-lo para não despertar reações de muçulmanos de outros países.

Niyazov seguiu à risca a receita do culto pessoal. Encheu o país com estátuas e fotos de si mesmo, outorgou-se um título, formulou uma doutrina nacional semirreligiosa com o livro *Rukhnama*, ocupou todos os espaços midiáticos possíveis, deu seu nome a tudo e introduziu uma penca de leis estranhas. O Turkmenbashi criou um culto à personalidade que poucos acreditavam ser possível de existir além da Coreia do Norte. Por isso, a tristeza foi grande no dia em que ele morreu, 21 de dezembro de 2006. Felizmente, seu sucessor, Gurbanguly Berdimuhamedov, tem feito o possível para não decepcionar seu antecessor.

Quando um ditador assume o lugar de outro, tem duas opções para introduzir o culto à própria personalidade: basear-se no culto do seu antecessor ou liquidá-lo e recomeçar do zero. Um exemplo da primeira categoria são os líderes norte-coreanos. Berdimuhamedov escolheu a segunda opção. Como ex-ministro da saúde do governo de Niyazov, ele não podia simplesmente condenar o regime do seu antecessor. Em vez disso, foi removendo gradualmente as onipresentes impressões digitais do Turkmenbashi e substituindo pelas próprias.

Pouco tempo depois que assumiu o poder, Berdimuhamedov começou a remover estátuas e imagens do Turkmenbashi. Os meses e dias da semana voltaram a ser chamados pelos nomes de sempre. A leitura do *Rukhnama* deixou de ser exigência para ingressar na universidade e o livro foi removido do currículo escolar em 2013.

O novo ditador do Turcomenistão bem que se manteve discreto de início. Exceto por ter publicado alguns livros sobre cavalos e plantas medicinais turcomenas, pouco lembrava os projetos visionários e a grandiosa autoimagem do antecessor. Em 2011, no entanto, a história tomou outro rumo. A mídia local começou a se referir ao presidente como *Arkadag*, que significa "protetor", título que mais tarde lhe foi outorgado pelo Conselho de Anciãos do Turcomenistão.

Os ditadores do Turcomenistão têm uma predileção especial por dar nomes ao período em que exerceram o poder. Os nomes, é claro, refletem as incomparáveis habilidades de liderança de cada presidente. O Turkmenbashi conduziu a nação à *Era da Grande Redenção* e, mais tarde, ao *Altyn Asyr*, a *Era de Ouro do Turcomenistão*. O Arkadag, por sua vez, chamou seu primeiro mandato presidencial de *Era do Grande Renascimento*. Em fevereiro de 2012, as coisas começaram a correr tão bem no Turcomenistão que a mídia declarou que o país estava entrando na *Era da Suprema Felicidade*.

Berdimuhamedov também continuou a tradição de Niyazov de dar a prédios públicos nomes de seus familiares. Uma escola na província de Akhal recebeu o nome do avô do presidente, Berdimuhamed Annaev. Ao contrário da maioria das outras escolas do Turcomenistão, esta escola possui equipamentos de informática modernos. O pai do presidente, Myalikguly Berdimuhamedov, era um policial, e a unidade em que serviu agora ostenta o seu nome. O escritório do pai foi reformado e transformado em museu.

Demorou alguns anos para Berdimuhamedov mandar erguer estátuas de si mesmo. A primeira veio ao mundo em março de 2012. O presidente foi representado a cavalo, em mármore branco. Berdimuhamedov gosta muito de cavalos. Além de escrever livros sobre os Akhal-Teke, introduziu um feriado para celebrar a raça nacional do Turcomenistão.

O presidente também exibe grandes dotes artísticos. Depois que se apresentou na TV tocando e interpretando uma composição própria, *Minhas rosas vermelhas para ti*, seu violão foi imediatamente declarado tesouro nacional e preservado num museu.

Papa Vodu

Embora estejam entre os melhores alunos da turma, Niyazov e Berdimuhamedov não são os únicos ditadores que tiveram êxito em instituir um culto à personalidade. Um dos mais peculiares neste quesito é François Duvalier, que governou o Haiti de 1957 até morrer, em 1971.

Duvalier nasceu em 1907, numa época em que o país era governado por uma elite composta por mulatos, enquanto a maior parte da população negra vivia na pobreza absoluta. O jovem Duvalier estudou medicina na Universidade do Haiti e, mais tarde, medicina social na Universidade de Michigan, nos Estados Unidos. Em 1943, tomou parte numa campanha norte-americana para impedir uma série de doenças tropicais, como febre tifoide e malária. Pacientes agradecidos começaram a chamá-lo de *Papa Doc*, apelido que ele manteve pelo resto da vida.

Papa Doc acabou se envolvendo no movimento *Négritude* haitiano, que lutava contra a opressão racial. Também foi atraído pela religião local, o vodu, e aqui suas habilidades se mostrariam muito úteis mais tarde, quando se tornou um ditador.

Na década de 1940, Duvalier foi ministro da Saúde e Trabalho no governo haitiano, mas passou à clandestinidade após um golpe do general Paul Magloire, em 1950. Em 1956, Magloire deixou o país após uma série de greves e protestos. Em 1957, Duvalier candidatou-se nas eleições presidenciais. Sua mensagem política dizia que a elite mulata enriquecera às custas da maioria negra. Candidato preferido das forças militares, Duvalier tinha uma vantagem clara. Os primeiros resultados das eleições vieram da ilha de Gonave, nos arredores de Porto Príncipe. Duvalier obteve 18.841 votos contra apenas 463 do oponente, Louis

Déjoie — um resultado notável, considerando que a Gonave contava com apenas 13.302 habitantes, segundo um censo de 1950. No total, Duvalier recebeu 678.860 votos contra 264.830 de Déjoie.

Não demorou muito para Papa Doc começar a perseguir seus opositores. Ele organizou uma milícia paramilitar chamada *Tonton Macoutes*, que matava e torturava opositores e cobrava impostos informais. "Tonton Macoute" pode ser traduzido como "Bicho-Papão", um personagem mítico que mete crianças ruins num saco para comê-las no café da manhã, e os soldados presidenciais não mediam esforços para viver à altura da lenda. Suas vítimas eram decapitadas e as cabeças expostas nos mercados como advertência.

Duvalier não perdia uma oportunidade de exibir seus conhecimentos sobre o vodu, a religião predominante no Haiti. Em seus discursos, sussurrava as palavras e gesticulava lentamente, como se estivesse possuído por espíritos. Convidava sacerdotes vodu ao palácio presidencial e fazia questão de espalhar boatos de que tinha habilidades sobrenaturais. "Meus inimigos não podem me alcançar. Eu já sou um ser intangível", disse num discurso. Também alegou que o assassinato de John F. Kennedy, em 1963, ocorreu porque ele havia lançado uma maldição contra o colega norte-americano.

Em 1959, Duvalier sofreu um ataque cardíaco. Clément Barbot, chefe dos Tonton Macoutes, ocupou interinamente a presidência enquanto Duvalier convalescia. Papa Doc reassumiu o cargo, mas suspeitou que Barbot quisesse tomar o poder e mandou prendê-lo. Ao sair da prisão, em 1963, Barbot passou a liderar a oposição ao presidente. Os Tonton Macoutes descobriram onde ficava o quartel-general de Barbot e atacaram o prédio com uma saraivada de balas. Depois, derrubaram a porta e encontraram um arsenal numa casa guarnecida apenas por um cachorro preto. Assim que soube que Barbot tinha se transformado num animal, Duvalier mandou matar todos os cães pretos do Haiti. Pouco tempo depois, já de volta à forma humana, Barbot foi descoberto pelos Tonton Macoutes e fuzilado.

Ao longo da década de 1960, várias guerrilhas formadas por haitianos exilados tentaram tomar o poder no país. Duvalier ordenou que um guerrilheiro morto fosse decapitado e sua cabeça fosse levada num bloco de gelo para o palácio presidencial. Diz-se que ficou horas sentado conversando com a cabeça, valendo-se de suas habilidades sobrenaturais para obter informações sobre os planos dos rebeldes.

Em 14 de junho de 1964, Duvalier fez um referendo sobre uma nova constituição que o tornou presidente vitalício, lhe deu poder absoluto e o direito de nomear o próprio sucessor. Os eleitores podiam escolher entre cédulas azuis, rosas, amarelas e vermelhas, mas todas marcadas com a mesma inscrição: "Sim". Todos, inclusive estrangeiros, foram incentivados a votar.

Ainda eram 11h15 da manhã do dia da eleição quando Duvalier fez um discurso em que proclamou: "Hoje o povo expressou seu desejo. Neste momento já sou presidente vitalício da República". Na fala, referia-se a si mesmo na terceira pessoa, o que não é incomum entre os ditadores, e foi surpreendentemente honesto sobre suas intenções de se tornar um presidente vitalício: "Ele é um homem desconfiado. Ele governará como um conquistador. Ele governará como um verdadeiro autocrata. Eu repito: ele não aceitará ninguém na sua frente a não ser seu próprio reflexo".

Na manhã seguinte, as urnas falaram: 2.800.000 votos para a nova constituição e 3.234 votos contra, embora não esteja claro como alguém conseguiu votar "Não".

Em 1966, Duvalier convenceu o Vaticano a lhe conceder o direito de nomear padres na Igreja Católica do Haiti. Duvalier, portanto, obteve o controle sobre as duas principais religiões do Haiti, o vodu e o catolicismo. Um célebre cartaz de propaganda mostra Jesus de pé atrás de um Duvalier sentado com a inscrição "Eu o escolhi".

Até o "Pai Nosso" foi remodelado para homenagear Duvalier, que obviamente era muito mais importante que Deus. O novo texto da prece dizia: "Doc nosso, que estarás eternamente no palácio nacional. Bendito seja vosso nome pelas gerações atuais e futuras. Seja feita a vossa vontade em Porto Príncipe bem como nas províncias. Dai--nos hoje o nosso novo Haiti e não perdoais os invasores antipatriotas que diariamente cospem no nosso país. Deixais que caiam em tentação e, sob o peso de seu veneno, não vos libertais do mal".

Num panfleto distribuído após a eleição de Duvalier como presidente vitalício, havia o seguinte texto:

Pergunta: Quem são Dessalines, Toussaint, Christophe, Pétion e Estimé?

Resposta: Dessalines, Toussaint, Christophe, Pétion e Estimé são cinco chefes de Estado diferentes incorporados na forma do mesmo presidente personificado por François Duvalier.

Dessalines, Toussaint, Christophe e Pétion são heróis da revolução haitiana do século XVIII, e Dumarsais Estimé foi presidente do governo que tinha Papa Doc como membro, na década de 1940.

É evidente que o novo catecismo foi adotado nas escolas do país.

Papa Doc mudou a bandeira haitiana de vermelho e azul para vermelho e preto, as cores que simbolizam o vodu. O antropólogo Wade Davis conseguiu se infiltrar na secretíssima Associação Bizango, a sociedade de vodu mais importante do Haiti. Lá, descobriu que a divindade mais importante era o próprio Duvalier. Os altares nos templos secretos eram dominados por imagens do presidente. Os rituais usavam virgens negras, corações perfurados, garrafas de rum e espadas e pás para cavar túmulos.

Quando Papa Doc morreu, em 1971, seu filho Jean-Claude Duvalier, de 19 anos, assumiu a presidência. O jovem ditador recebeu o nome de Baby Doc. Logo depois que assumiu, Baby Doc mandou espalhar cartazes por todo o Haiti afirmando: "Estarei perante o tribunal da história como a pessoa que lançou as bases inabaláveis da democracia no Haiti". Os cartazes eram assinados por "Jean-Claude Duvalier, presidente vitalício".

Infelizmente, o jovem ditador estava errado. Ao contrário de seu pai, Baby Doc não se tornou presidente vitalício. Em 1986, foi forçado a deixar o cargo e exilar-se na França depois de um levante popular.

Papa Doc está longe de ser o único ditador com habilidades sobrenaturais. Em 2003, o presidente da Guiné Equatorial, Teodoro Obiang Nguema Mbasogo, foi chamado pela rádio estatal de "deus celestial" que exerce "um poder sobre todas as pessoas e coisas". "Ele pode matar sem que ninguém o acuse e sem ir para o inferno, porque é a própria encarnação de Deus, com quem está em contato permanente e lhe dá força", disse um dos colaboradores do presidente num programa de rádio chamado *Bidze-Nduan* ("Enterre o fogo").

O presidente da Gâmbia, Yahya Jammeh, afirma que pode curar a aids, um dom que recebeu dos ancestrais durante um sonho. Jammeh costuma receber pacientes com HIV para tratá-los. Durante o tratamento, os pacientes não podem roubar e devem abster-se de álcool, tabaco, chá, café e sexo. Não está claro por que o roubo é mencionado especificamente. Talvez signifique que outros delitos não afetam o tratamento. Os pacientes recebem remédios tradicionais à base de plantas e são desaconselhados a tomar medicamentos ocidentais, como antirretrovirais, enquanto durar o tratamento presidencial.

Infelizmente, Jammeh não está disposto a revelar a fórmula dos medicamentos que prescreve nem a submeter seus pacientes a testes independentes. "Eu não tenho que convencer ninguém. Eu posso curar a aids e não tenho que dar satisfações a quem não quer ouvir", declarou Jammeh ao noticiário da *Sky TV*.

Jammeh também pode tornar mulheres estéreis férteis e curar a asma, mas suas qualidades sobrenaturais não param por aí. Ele também afirma que possui amuletos que protegem contra armas.

— Nenhuma faca ou projétil de arma de fogo pode me matar sem que Deus permita — disse a jornalistas da Gâmbia.

A dinastia

Os líderes da Coreia do Norte criaram a mitologia estatal mais abrangente envolvendo uma nação, um povo e seus líderes. Obviamente, os mitos singulares da propaganda do país também incluem um extenso culto à personalidade. Como mencionado no capítulo anterior, os coreanos são a raça humana mais pura, mais virtuosa e mais moral. Mas eles não são os mais fortes, e nem mesmo sua inteligência é destacada na propaganda. Assim sendo, ao longo da história, os coreanos foram sendo explorados e conquistados por raças inferiores. Para sobreviver e preservar suas qualidades únicas, os coreanos precisam de um líder forte que possa protegê-los.

Essa propaganda combina perfeitamente com o culto pessoal construído em torno do fundador do país, Kim Il-sung. Kim era o coreano mais ingênuo, amoroso, espontâneo e puro — o coreano mais coreano — jamais nascido.

Inicialmente, o aparato de propaganda norte-coreano tinha um problema: combinar o herói da guerrilha e a figura marcante de Kim Il--sung com virtudes coreanas inatas, que não dão margem ao surgimento de grandes guerreiros. A mitologia não dá conta dessa contradição incontornável, mas os aspectos agressivos da história da guerra são atenuados. Embora seja retratado como um gênio militar, a propaganda de Kim Il--sung concentrava-se no cuidado que demonstrava para com os soldados, não nos conflitos da guerra. Ele era representado junto das tropas enquanto comiam ou descansavam, mas raramente em combate.

Enquanto os chefes de Estado em outras ditaduras costumam ser chamados de pai da nação, aspectos femininos dos líderes norte-coreanos são destacados. Turkmenbashi, o título de Saparmurat Niyazov, não deixa dúvidas de que ele é o pai dos turcomenos. Outro ditador que era referido como pai da nação foi Josef Stalin. O apelido de François Duvalier, Papa Doc, é outro exemplo — embora o apelido tenha surgido antes de Duvalier ter se tornado presidente, foi mantido de muito bom grado depois que chegou ao poder. Na Coreia do Norte, por outro lado, os líderes são mais frequentemente chamados de *mãe* do país. Kim Il-sung é uma figura rechonchuda e infantilizada nas imagens da propaganda, muitas vezes cercado por crianças felizes que segura pelas mãos. Ele é representado como um tipo andrógino ou hermafrodita, em geral referido pelo termo equivalente a "ascendente", que em coreano engloba "pai" e "mãe" e tem o gênero neutro.

Após a Guerra da Coreia, a mitologia em torno do grande líder concentrou-se nas incansáveis viagens que fazia pelo país para aconselhar as pessoas. O líder chegava a uma fábrica ou a um coletivo agrícola e era confrontado com um problema. O conselho que dava geralmente era simples e baseado em senso comum. Numa ocasião, suas palavras de sabedoria foram as seguintes: "A truta arco-íris é um peixe saboroso e nutritivo".

Kim inspirou-se claramente nos êxitos de Mao Tsé-tung na China. Depois que Mao liderou suas forças durante a Grande Marcha, Kim não poderia fazer por menos. Durante o inverno de 1938-39, esteve à frente de uma contraparte coreana, a que chamou de Árdua Marcha. Uma vez que Mao ganhou fama como poeta e autor, de repente surgiram obras que Kim teria escrito na juventude.

Embora tenha morrido em 1994, Kim Il-sung ainda é o eterno presidente da Coreia do Norte. Como para enfatizar a importância de Kim para o bem-estar dos coreanos e, assim, dar sustentação à retórica oficial, a Coreia do Norte enfrentou anos difíceis depois que ele morreu.

Kim Jong-il, o filho mais velho de Kim Il-sung, assumiu a liderança do país. O culto à personalidade já havia começado a preparar o povo para receber o Querido Líder, um título que Kim Jong-il já havia recebido na década de 1980 (ou, melhor dizendo, Querido Governante, já que em coreano o título "Líder" é reservado exclusivamente para Kim Il-sung). Kim Jong-il nasceu na montanha sagrada de Paektu durante a guerra (ele nasceu de fato na União Soviética) e era um menino dedicado e paciente, que nunca recebeu tratamento especial, embora fosse filho do fundador do país. Pelo contrário, Jong-il é retratado como um filho obrigado a enfrentar as agruras decorrentes de duas guerras e da morte da mãe ainda em criança.

Kim Jong-il foi mais retratado como um líder militar do que seu pai. Em 1991, tornou-se o comandante-em-chefe das forças militares. Em 1995, lançou a campanha "Primeiro os militares", deixando explícito que o investimento nas forças armadas do país é prioridade — ainda que às custas dos demais setores da economia.

Era impossível tapar o sol com a peneira da propaganda, mas é claro que a epidemia de fome na Coreia do Norte da década de 1990 não foi culpa de Kim Jong-il. Ela só ocorreu devido a uma série de fatores: a adesão covarde da União Soviética ao capitalismo, a sucessão de desastres naturais em todo o mundo e as investidas norte-americanas para destruir a Coreia do Norte após a morte de Kim Il-sung. Os anos difíceis da década de 1990 são descritos como uma nova Árdua Marcha, evocando as lembranças da ficção utilizada para consolidar o culto a Kim Il-sung. Kim Jong-il visitou bases militares em todo o país e, num gesto de consideração, comeu a mesma ração simples dos soldados. Ao contrário de seu pai, Jong-il nunca aparecia em público vestindo paletó, mas sim num uniforme casual, para enfatizar o desapego do Querido Líder.

Jong-il encarnava o mesmo papel andrógino do pai. Sua posição como líder da política de "Primeiro os militares" não impediu as autoridades de retratá-lo maternalmente, como mostra o seguinte trecho extraído da Agência Central de Notícias da Coreia:

> *Unida não apenas pelo vínculo entre um líder e seus soldados, mas pelo vínculo familiar que une uma mãe a seus filhos, que compartilham o mesmo sangue e respiram num só fôlego, a Coreia sempre haverá de progredir. Deixemos que os inimigos imperialistas cheguem até nós com suas armas nucleares, pois não há poder na terra que possa combater nossa força, amor e poder de nossa fé, que, graças aos laços de sangue entre mãe e filho, cria um castelo de unidade. Nossa Grande Mãe, general Kim Jong-il.*

Com Kim Jong-un, o aparato de propaganda teve uma reviravolta. O segundo filho de Jong-il com sua terceira esposa assumiu a liderança da Coreia do Norte com a morte do pai, em dezembro de 2011. Mesmo antes de o jovem Kim assumir o poder, sua imagem foi sendo meticulosamente construída para preparar os norte-coreanos para a chegada do próximo ditador. No 65º aniversário do Partido dos Trabalhadores da Coreia do Norte, em 10 de outubro de 2010, a televisão norte-coreana levou ao ar um documentário para tornar público o profundo domínio de Jong-un em assuntos de política, economia, cultura, história e questões militares. Segundo o programa, ele falava fluentemente inglês, alemão, francês e italiano, e estava aprendendo chinês, japonês e russo.

Uma brochura distribuída aos agricultores da província de Hamgyong explica em detalhes como ele inventou um novo tipo de fertilizante enquanto visitava um coletivo agrícola na companhia do pai, em 2008. Há também rumores de que Jong-un, um exímio atirador que jamais erra o alvo, desvendou crimes enquanto viajava incógnito pelo país — uma rara admissão de que delitos ocorrem, sim, na Coreia do Norte.

Nas aparições públicas, ele é maquiado e estilizado para parecer ao máximo com Kim Il-sung. É gorducho como o avô, o que levou alguns comentaristas a se perguntar se Jong-un não teria feito cirurgias plásticas. É fundamental para o aparato de propaganda despertar associações com o fundador da nação, talvez porque o padrão de vida dos coreanos fosse mais alto sob Kim Il-sung do que sob Kim Jong-il.

Como ficar rico

Uma das razões mais importantes para se tornar um ditador é, obviamente, a prosperidade que a posição traz consigo. As maneiras para assegurar que seus cofres jamais deixem de ser irrigados com dinheiro de corrupção são infinitas, mas algumas diretrizes básicas convêm a qualquer déspota disposto a construir uma pequena fortuna.

As riquezas de um país costumam ser chamadas de "bem comum". Mas o que isso realmente significa? Quem detém o direito de distribuir à sociedade a riqueza que existe no país em que vive? Em certa medida um ditador enxerga os recursos naturais como propriedade do povo, mas considera sua propriedade uma boa parcela dos tais bens ditos comuns. Como ditador, é sua prerrogativa dispor dos recursos naturais do país e se servir do que precisa ou tem vontade.

Não há ditadura que não tenha incorrido em práticas generalizadas de corrupção. Entre os chefes de Estado mais corruptos do mundo, a grande maioria são ditadores. Em 2004, a organização anticorrupção Transparência Internacional elaborou uma lista dos chefes de Estado mais corruptos da última década. Mohamed Suharto, que governou a Indonésia de 1967 a 1998, conseguiu amealhar entre 15 e 35 bilhões de dólares. Atrás dele estão Ferdinand Marcos, com algo entre 5 e 10 bilhões; Mobutu Sese Seko (5 bilhões); Sani Abacha, (com uma quantia estimada entre 2 e 5 bilhões); Slobodan Milosevic, (1 bilhão); e Jean-Claude Duvalier (com uma fortuna entre 300 e 800 milhões de dólares). Temos que descer até o sétimo lugar para encontrar um não-ditador, o ex-presidente do Peru Alberto Fujimori, que tampouco pode ser classificado como um franco democrata.

A corrupção tende a se espalhar do topo para a base. De fato, é praticamente impossível para um ditador corrupto não criar um sistema inteiro de corrupção subjacente a si. Não há necessidade de se preocupar com isso. Para um ditador, há vantagens nítidas em instituir um regime corrupto. As pessoas são gananciosas e, desde que recebam uma fatia do bolo, é grande a probabilidade de que permaneçam leais. Para um ditador, lealdade nunca são favas contadas. Permitir que terceiros se beneficiem da corrupção lhe traz uma vantagem adicional: eles se tornam cúmplices.

Num Estado corrupto, a trajetória do dinheiro é sempre ascendente. Como ditador, você não pode sair por aí cobrando propinas das mais mínimas atividades. É preciso então corromper o sistema inteiro, a partir do funcionário menos graduado.

O nepotismo é um ingrediente fundamental. Dificilmente haverá um ditador que não tenha empregado parentes e amigos em posições importantes. Tampouco é raro favorecer correligionários da mesma religião ou grupo étnico. É assim que você acomoda seus aliados em posições-chave.

Hosni Mubarak, no Egito, por exemplo, deu a seus dois filhos, Alaa e Gamal, oportunidades maravilhosas, tanto empresariais quanto políticas. No início da década de 2000, Gamal começou uma ascensão que rapidamente o conduziu ao topo da elite política do Egito. Ele acabou se tornando vice-secretário-geral do partido governista, do qual também presidiu o comitê de políticas públicas, levando a especulações de que ele estava sendo preparado para assumir o cargo de presidente das mãos do pai.

Os filhos atuavam como procuradores de Mubarak no mundo empresarial. Além de fazerem de Mubarak um homem muito rico, também acumularam grandes somas de dinheiro.

Um lance de gênio de Mubarak foi encher o Parlamento de empresários, levando a uma fusão entre política e economia que facilitou bastante a condução dos negócios do ditador. Os empresários-deputados usavam a influência política para obter benefícios que, por sua vez, acabavam rendendo prestígio e dinheiro a Mubarak. O ditador recorria a um artifício comum para garantir oportunidades de negócios: os estrangeiros que investiam no Egito precisavam ter um parceiro local com quem eram obrigados a dividir o negócio. Não surpreende que os membros da família Mubarak fossem sócios recorrentes dos investidores.

Depois de colocar pessoas de confiança em posições importantes, é hora de ir recheando a carteira. Uma ferramenta importante é regular a sociedade nos mínimos detalhes. Em geral, as ditaduras vêm bem abaixo na lista de países onde é mais fácil fazer negócios, e não é sem razão. Adotar regras mais rigorosas e exercer o maior nível de controle possível são a chave para abrir as portas da corrupção. Por exemplo, é comum ditaduras exigirem licenças para a maior parte das atividades empresariais, das mais simples às mais complexas. Os procedimentos burocráticos precisam ser intrincados e morosos a tal ponto que ninguém se importa em obedecê-los. Em vez disso, obtém-se a licença de funcionamento subornando um funcionário do órgão encarregado do licenciamento.

A prática (e a corrupção associada a ela) pode ser incrementada impondo-se um controle rigoroso à importação de matérias-primas essenciais. Se alguém deseja abrir uma padaria, por exemplo, precisará primeiro pagar uma taxa para obter o alvará de funcionamento e, em seguida, uma outra taxa para obter a licença para importar trigo.

Assegurar o menor nível possível de transparência também é importante. Orçamentos e prestações de contas devem ser tratados como segredos de Estado e jamais devem ser franqueados aos órgãos de imprensa — na hipótese de que estes órgãos não estejam sob o devido controle e sequer sejam autorizados a ter acesso a esses dados. É especialmente importante restringir acesso a informações relativas à extração de recursos naturais. Geralmente, são acordos firmados entre grandes corporações internacionais e o governo local.

A Guiné Equatorial é notória por omitir o teor dos acordos petrolíferos que o país celebra com parceiros internacionais. As empresas estrangeiras são responsáveis pela extração em si, mas o valor que cabe à Guiné Equatorial é um segredo muito bem guardado. Isso significa que ninguém sabe quanto é desviado para o bolso do ditador do país, Teodoro Obiang Nguema Mbasogo.

O segredo é a alma do negócio também para as empresas de petróleo. Debaixo dos panos, o valor que são obrigadas a pagar pelas concessões de exploração é certamente menor. Lidar com organizações anticorrupção idealistas pode ser um problema, é verdade, mas enquanto as petrolíferas estrangeiras estiverem no azul, o risco de que seus países-sede exijam mudanças será baixo.

Pelo contrário, há poucas evidências de que o ditador da Guiné Equatorial precise se preocupar com a interferência de parceiros estrangeiros mais democráticos. Numa correspondência da Embaixada dos EUA em Malabo, na Guiné Equatorial, publicada pelo *WikiLeaks* em 2009, o signatário recomenda ao então presidente Barack Obama que mantenha a estabilidade do regime. Caso contrário, as empresas de petróleo dos EUA poderão perder contratos e o desemprego nos EUA aumentará. As empresas norte-americanas Marathon Oil Corp. e Hess Corp. investiram enormes quantias no país, e 20% das importações de petróleo dos EUA vêm dali. Segundo o documento do *WikiLeaks*, o cenário para os norte-americanos era francamente favorável na Guiné Equatorial, país do mundo com mais pessoas chamadas "Obama". "A recente mudança na administração dos EUA num país com a maior densidade per capita de *Obamas* pode ser interpretada como um sinal de incremento das relações diplomáticas", afirma a correspondência.

Nem todos os ditadores nadam em dinheiro. Robert Mugabe, ex-presidente do Zimbábue, por exemplo, levava uma vida frugal. Outro ditador que vivia espartanamente era o aiatolá Ruhollah Khomeini.

O líder espiritual do Irã morava num apartamento pequeno na rua Shahid Hassan, nos arredores de Teerã. Quando morreu, deixou apenas um tapete de oração, uma pequena coleção de livros, alguns móveis simples e um rádio. Para Khomeini, a economia estava subordinada à religião e à moralidade, tanto na vida privada quanto na política. "A economia é para os burros", disse ele certa vez.

Os sucessores do aiatolá, por outro lado, não seguem o exemplo de ascetismo de Khomeini. Logo após sua morte, em 1989, começou a ser construído um mausoléu para abrigar os despojos do imã. O complexo, que ainda está em obras, incluirá um centro turístico, uma universidade teológica, um shopping e estacionamento para 20.000 carros. No total, a instalação se estende por mais de 20 quilômetros quadrados. Khomeini deve estar se revirando no sarcófago, abrigado sob uma cúpula dourada, sustentada por grossas colunas de mármore.

Parece que os ditadores que chegaram ao poder por razões ideológicas são os menos propensos a enriquecer. Khomeini liderou uma revolução contra o governo brutal do xá iraniano Mohammad Reza Pahlavi, enquanto Mugabe foi um dos líderes na guerrilha contra o regime do apartheid branco na Rodésia. Mas Mugabe e Khomeini são exceções. A maioria dos ditadores cedem à tentação de encher os bolsos, independentemente das intenções que os moviam inicialmente.

O fato de o ditador levar uma vida regrada não significa que a elite do país não faça tudo o que estiver a seu alcance para enriquecer. Um ditador geralmente tem muitos parentes, correligionários tribais, aliados de diferentes clãs ou outros apoiadores ansiosos pela sua fatia do bolo. Sempre há quem esteja de olho nos benefícios financeiros de ser íntimo do aparato de poder. Para um chefe de Estado, a lealdade dos cupinchas sempre tem um preço. Por isso, levar um estilo de vida mais sóbrio não significa necessariamente abrir mão dos prazeres do consumo.

O exemplo do Zimbábue é ilustrativo. A esposa de Mugabe, Grace, era notória pelo amor às compras e pelo estilo de vida extravagante que lhe rendeu apelidos como *Dis Grace, Gucci Grace* e *Primeira Compradora*, este numa óbvia alusão à sua condição de primeira-dama. Além dela, várias outras pessoas do círculo íntimo de Mugabe enriqueceram a perder de vista.

Um exemplo é Leo Mugabe, sobrinho do ditador, dono de uma vasta rede de negócios no Zimbábue. Sua empresa, chamada Integrated Engineering Group, garantiu uma série de contratos para construir edifícios públicos, geralmente em detrimento de empreiteiros mais experientes, acumulando lucros bilionários.

Um exemplo de como a elite do Zimbábue assegura para si os negócios mais lucrativos foi a licitação da telefonia celular, realizada em 1997. O processo ficou a cargo da então ministra dos Correios e Telecomunicações, Joice Runaida Mujuru, uma veterana partidária do presidente Mugabe. Heroína da guerra de libertação, Mujuru chegou a ser apontada como possível herdeira do presidente. Depois de abater um helicóptero durante a guerra, passou a ser conhecida como "Sangue Derramado" (*Teurai Ropa*). Em 2004, tornou-se vice-presidente do Zimbábue.

Duas empresas competiram pela licença de operação: a Telecel, na qual o marido de Mujuru e Leo Mugabe tinham participação acionária, e a Econet, fundada por um empresário sem vínculos com o governo. A Econet tentava construir uma rede móvel havia anos, mas foi impedida, entre outras razões, por um decreto do presidente Robert Mugabe proibindo empresas privadas de explorar a telefonia móvel. O decreto foi posteriormente rejeitado pela Suprema Corte, numa demonstração que até uma ditadura enfrenta certos percalços que podem atrapalhar o presidente.

A licença foi parar nas mãos de amigos de Mugabe, a despeito da Telecel não atender aos pré-requisitos do edital. Na fase de instalação, a Telecel não se provou uma empresa particularmente eficiente, além de ter sido prejudicada por uma disputa em relação aos verdadeiros acionistas da empresa. No decurso de uma ação judicial, anos depois, soube-se que Leo Mugabe não havia feito o desembolso ao adquirir as ações de sua propriedade. O sobrinho do presidente deixou claro os privilégios de ser parente de um ditador ao admitir numa entrevista que não havia feito o pagamento "porque não era necessário".

Seu dinheiro é meu dinheiro

A maioria dos ditadores acumula muito dinheiro enquanto está no poder. Para isso, nem é preciso que o país seja rico. Mesmo em países paupérrimos, esses líderes conseguem oprimir a população o suficiente para levar uma vida de luxo. Em 1986, ano em que Jean-Claude Duvalier deixou o Haiti, a pequena ilha caribenha era um dos países mais pobres do mundo. O Produto Interno Bruto (PIB) per capita não passava de impressionantes 342 dólares. Mesmo assim, Duvalier e seus asseclas conseguiram acumular 500 milhões de dólares desde sua entronização como presidente vitalício, em 1971, graças ao controle total das exportações de tabaco e de praticamente tudo que gerava renda no país.

Os ditadores estão entre as pessoas mais ricas do mundo, ainda que sempre pairem dúvidas sobre o tamanho dessa riqueza. Em primeiro lugar porque não costuma haver um limite claro de onde termina a fortuna privada de um ditador e onde começa a economia pública. Em segundo lugar, porque os ditadores não estão dispostos a revelar o tamanho da riqueza que possuem. As propriedades são registradas em nome de empresas de fachada, os investimentos são feitos em paraísos fiscais e o dinheiro é depositado em países onde os titulares de contas podem permanecer anônimos.

A maneira mais óbvia de enriquecer como ditador é tratar o dinheiro do erário como uma espécie de cofrinho pessoal, um método que não funciona bem em ditaduras com uma certa tradição de abertura e uma distinção clara entre as instituições do Estado. Mesmo no Zimbábue, por exemplo, a Suprema Corte tem um grau relativamente alto de autonomia. Isso não significa que os ditadores desses países não possam enriquecer às custas do Tesouro, apenas requer mais discrição.

Já os monarcas absolutistas raramente enfrentam problemas assim. Entre as pessoas mais ricas do mundo estão membros da realeza, incluindo a Rainha Elizabeth, da Grã-Bretanha, e o rei Bhumibol Adulyadej, da Tailândia, morto em 2016, quando ocupava a posição de monarca mais rico do mundo. A maioria dos monarcas de hoje têm um poder apenas simbólico, embora as fortunas das famílias reais geralmente se originem na época em que eram ditadores de fato e de direito.

Em geral, os monarcas que conseguiram manter seus velhos privilégios são essencialmente os mais prósperos. Entre os vinte mais ricos do mundo, oito são ditadores: o emir de Abu Dhabi, o rei da Arábia Saudita, o sultão de Brunei, o emir do Catar, o sultão de Omã, o rei de Essuatíni, o rei do Bahrein e o rei da Jordânia.

De acordo com a revista Forbes, o sultão Hassanal Bolkiah, de Brunei, era o segundo monarca mais rico do mundo em 2011, com uma fortuna de 20 bilhões de dólares.

Ele era seguido de perto pelo rei da Arábia Saudita, Abdullah bin Abdul Aziz al-Saud. Morto em 2015, deixou uma herança avaliada em 18 bilhões de dólares. Na Arábia Saudita, a família real controla praticamente tudo que tenha algum valor — e não é pouca coisa. O país tem a segunda maior reserva de petróleo do mundo. Quem mais lucra com a extração de petróleo são os membros da casa real.

O número três da lista é o emir de Abu Dhabi, xeque Khalifa bin Zayed bin Sultan al-Nahyan. Além de ser o único governante de Abu Dhabi, o xeque Khalifa também é o presidente dos Emirados Árabes Unidos, um condomínio de sete monarquias independentes. Khalifa tem um patrimônio estimado em 15 bilhões de dólares.

O sultão de Brunei é talvez o melhor exemplo de governante absolutista que não faz distinção entre o público e o privado, tratando as receitas do Estado como suas e decidindo sozinho quanto deve ser empregado em proveito público e quanto será destinado ao consumo próprio. Se bem que, quando o Estado e o monarca são um só, "consumo próprio" é uma expressão pouco precisa. Em vez disso, digamos que cabe a ele decidir sozinho quanto do orçamento público deve ser gasto com a monarquia e quanto será empregado em prol de seus súditos. Coincidentemente, os territórios da maioria das monarquias coincidem com os maiores campos de petróleo, tornando a profissão de monarca uma das mais lucrativas do mundo.

Brunei é um país de menos de 5.800 quilômetros quadrados, uma área equivalente à cidade de Brasília, e tem cerca de 400.000 habitantes . Localiza-se a norte da ilha de Bornéu, e, com exceção de um litoral voltado ao extremo sul do mar da China, é inteiramente cercado pela Malásia. Oficialmente, o país se chama Brunei Darussalam, que significa "Brunei, Lar da Paz" — um belo nome para um belo país. Oitenta por cento do território é coberto por florestas. Brunei tem raízes no século VIII, enquanto o sultanato se originou no século XIV.

Em Brunei, o sultão é chamado *Yang di--Pertuan*, ou chefe de Estado. Para que ninguém tenha dúvidas sobre quem é a autoridade suprema do país, Bolkiah nomeou-se presidente e primeiro-ministro. Além disso, é ministro das Finanças e da Defesa — e, por conseguinte, também comandante-em-chefe das forças armadas. Não satisfeito, também se nomeou inspetor-geral da polícia. Talvez por receio que sua autoridade ainda assim pudesse ser questionada, em 2016 o sultão alterou a Constituição de Brunei e declarou sua inimputabilidade legal.

A exemplo dos Estados do golfo da Arábia, Brunei é uma nação petrolífera, o que faz de Bolkiah um dos homens mais ricos do mundo. Em dado momento, ele foi a pessoa mais rica do mundo. A cada minuto, sua fortuna aumenta em 100 dólares.

Quem usa os cofres públicos como extensão da própria carteira fica com todos os méritos quando o Estado investe nas pessoas comuns. Devido às enormes receitas petrolíferas, Brunei é um Estado de bem-estar social (ou "bem-estar *shellcial*", uma vez que a petrolífera Shell tem grandes interesses — e exerce igual influência — no país). A educação e a saúde são gratuitas. Não há imposto sobre a renda pessoal. Desta forma, o sultão mantém seus súditos felizes enquanto engorda sua conta bancária.

Concorde e champanha rosê

Em muitos países, há limitações práticas que impossibilitam o ditador de usar o tesouro público para fins privados. Fundir a conta bancária pessoal com a do Estado é um privilégio reservado a poucos. Entretanto, mesmo que isso não seja possível, não significa que um ditador não possa meter a mão num dinheiro que teoricamente não lhe pertence. Ao contrário, existem várias maneiras de fazer isso.

Uma delas é a forma de governo conhecida como cleptocracia, isto é, um governo de ladrões. Por cleptocracia entende-se que a elite dominante ocupa o poder de um país unicamente para se locupletar ao máximo. Esta é uma forma de governo recorrente em países onde a economia é baseada na produção de matérias-primas.

Mobutu Sese Seko, do Zaire, foi um ditador que elevou a cleptocracia ao estado da arte. A Transparência Internacional calculou que sua fortuna pessoal, acumulada ao longo das três décadas em que esteve no poder no país hoje conhecido como República Democrática do Congo, está entre um e cinco bilhões de dólares. Em 1985, a revista *Forbes* estimou que Mobutu tinha um patrimônio líquido de 5 bilhões de dólares, correspondente à dívida externa do Zaire na época.

Após sua morte, em 1997, pouco tempo depois de ser derrubado do poder, tentativas de rastrear a suposta fortuna não tiveram êxito. Em seu livro *In the Footsteps of Mr. Kurtz: Living on the*

Brink of Disaster in Mobutu's Congo[i], a jornalista britânica Michela Wrong diz que Mobutu mantinha um estilo de vida tão perdulário que é bem possível que não tenha deixado nada de herança. Não está claro se o dinheiro foi gasto ou permanece em contas bancárias secretas pelo mundo afora, mas é certo que Mobutu, e de resto a elite congolesa como um todo, eram notórios esbanjadores.

Contanto que seu consumo pessoal estivesse coberto, Mobutu não estava particularmente interessado em economia, especialmente nas finanças governamentais. Era, sem dúvida, um homem inteligente, mas não tinha a paciência nem a disciplina necessárias para fazer planos políticos e econômicos de longo prazo. Quando questões financeiras eram postas em discussão, seu olhar ficava absorto e sua mente se punha a vaguear, escreve Wrong. Em vez de se concentrar nos problemas, ele abraçava as sugestões miraculosas de assessores de competência duvidosa.

Ainda que não estivesse no controle da economia do país, Mobutu não tinha problemas em dilapidar uma grande parcela das vastas riquezas do Congo. Em 1973, ele iniciou um processo de nacionalização eficaz, chamado *zairização*. Mobutu afirmou que as empresas pertencentes a estrangeiros deveriam ser entregues aos "filhos

---

i *Nas pegadas de Mr. Kurtz: vivendo à beira do desastre no Congo de Mobutu*. (NdoT)

da terra". O resultado foi uma corrida desabalada da elite zairense para se apossar do que estivesse ao alcance. Mobutu, é claro, garantiu o seu. Expropriou 14 plantações reunidas num grande conglomerado que empregava um total de 25.000 pessoas, o que o transformou no terceiro maior empregador e quarto maior produtor de cacau e borracha do Zaire.

Mobutu também garantiu sua participação nos enormes recursos minerais do país. O método foi simples. A estatal criada para comercializar minerais no exterior transferia uma porcentagem das vendas para as contas bancárias que Mobutu mantinha no exterior. Ele também recebia dinheiro diretamente dos produtores. Em 1978, um funcionário do Fundo Monetário Internacional descobriu que o presidente do Banco Central do Zaire ordenara à mineradora Gécamines que depositasse toda a receita das exportações diretamente na conta do presidente. Drenar o dinheiro dos enormes depósitos de diamantes do Congo era ainda mais fácil. Diamantes não precisam ser refinados e são facilmente contrabandeados para fora do país. Mobutu vendia os diamantes no mercado em Antuérpia declarando um valor inferior e embolsava os lucros.

Quando a Guerra Fria chegou ao fim, Mobutu perdeu o apoio do Ocidente e secaram as fontes de que precisava para manter o país funcionando. Durante uma reunião em Washington para negociar um empréstimo, um funcionário do Banco Mundial sugeriu que Mobutu usasse o dinheiro que tinha no exterior para ajudar o povo do Zaire. Mobutu teria respondido: "Eu gostaria de fazer isso, mas meu povo nunca terá como me pagar de volta".

Mobutu gastava dinheiro quase tão rápido quanto ganhava. Mandava trazer de avião champanha rosê e bolos desde Paris. Construiu mansões para si mesmo nas principais cidades do Zaire. Uma das preferidas era um pagode numa vila chinesa que mandou erguer em Nsele. Também desfrutava longas temporadas navegando pelo rio Congo a bordo do iate de luxo Kamanyola, na companhia de medalhões como Henry Kissinger e François Mitterand.

Em sua cidade natal, Gbadolite, mandou construir um castelo de mármore branco conhecido como Versalhes da Selva, embora a inspiração tenha sido o Palácio de Laeken, pertencente à família real belga. A pista do aeroporto da cidade precisou ser prolongada para receber o Concorde que fretava para passear na Europa.

A infraestrutura para o resto da população não merecia tantos cuidados. Mobutu disse ao presidente de Ruanda, Juvénal Habyarimana: "Estou no poder no Zaire há 30 anos e não construí uma única estrada". E explicou por que eram desnecessárias: "Eles vêm dirigindo por elas para te pegar".

Mobutu não se contentava em ter propriedades somente em seu país de origem. Entre outras, arrematou por 5,2 milhões de dólares a casa de campo *Villa del Mar*, em Roquebrune-Cap Martin, na Riviera Francesa, não muito longe da casa de veraneio do ex-soberano do Congo, rei Leopoldo da Bélgica. Dizem as más línguas que Mobutu perguntou ao vendedor se o valor era em dólares ou francos belgas — um valor 39 vezes menor, mas que diferença faria?

Além disso, comprou uma casa de campo no vilarejo suíço de Savigny, um amplo apartamento em Paris e, não menos importante, a *Casa Agrícola Solear*, no Algarve, em Portugal, uma propriedade que custou 2,3 milhões de dólares e tinha 32 quilômetros quadrados de área, doze quartos e uma adega com 12.000 garrafas. Muitas das propriedades de Mobutu estavam localizadas em Bruxelas, capital da antiga potência colonial belga, onde era dono de ao menos nove residências nos bairros esnobes de Uccle e Rhode-Saint-Genèse.

A cleptocracia é a forma mais direta e óbvia de corrupção, mas algumas pré-condições precisam estar em vigor. A primeira é uma sociedade civil enfraquecida. É preciso que mídia e demais organizações sociais não tenham influência e estejam acuadas a ponto de não representarem ameaças de fato à ordem estabelecida. Ao mesmo tempo, as instituições públicas não podem ser fortes o suficiente para ousar desafiar o ditador e seus aliados. Uma população com baixa escolaridade e um analfabetismo generalizado também vêm a calhar. Nem todas as ditaduras enfrentam instituições tão fracas quanto o Zaire de Mobutu, mas se as condições forem adequadas, a cleptocracia é uma maneira rápida e comprovada de adquirir segurança financeira.

Picaretagem em grande estilo

Se os métodos descritos anteriormente não funcionarem, outra possibilidade de ganhar dinheiro é recorrer à pura e simples fraude. Fraudes têm o inconveniente de serem consideradas crime, mas isso não tem a menor importância. Como ditador, você não está acima da lei? É sempre bom não ser pego em flagrante, mas se alguém for louco o suficiente para bisbilhotar seus negócios, há várias maneiras de lidar com isso. Você pode mandar prender ou simplesmente varrer do mapa os intrometidos. E se tiver um bom controle da mídia, o risco de a notícia se espalhar é relativamente pequeno.

O escândalo Goldenberg, no Quênia, é um bom exemplo. O golpe ocorreu nos anos 90 durante o mandato do então presidente Daniel Arap Moi. Aparentemente, quase todos os políticos de alto escalão do governo de Moi estavam envolvidos.

Para atrair investimentos em moeda estrangeira, o governo queniano aprovou uma lei que dava a exportadores que investissem dólares norte-americanos no Banco Central do Quênia um adicional de 20% no câmbio por xelins quenianos. É uma maneira indireta de subsidiar a exportação.

Num país corrupto como o Quênia, subsídios como este são um convite à fraude. O empresário Kamlesh Pattni, um dos protagonistas do golpe, fundou a empresa Goldenberg International com o propósito de exportar ouro do Quênia. Depois de acordar os termos com o governo queniano, a Goldenberg deveria receber um adicional de 35% ao realizar o câmbio das exportações. O objetivo, dizia-se, era aumentar as reservas de moeda estrangeira no Quênia.

Como a produção de ouro queniana é desprezível, o metal precisou ser contrabandeado do Congo. O dinheiro foi transferido para Pattni, embora a quantidade de ouro exportada tenha sido mínima ou, provavelmente, nenhuma. Pattni e uma quadrilha de membros corruptos do governo encheram os bolsos.

Ao assumir a presidência do Quênia em 2002, o sucessor de Moi, Mwai Kibaki, criou uma comissão para investigar o assunto. Segundo as testemunhas da comissão, nada menos que 60 bilhões de xelins quenianos (850 milhões de dólares) foram saqueados do Banco Central do Quênia em 1991. A quantia corresponde a um quinto do PIB do Quênia.

Pense no futuro

Uma vez que um ditador tenha enriquecido bastante, o melhor a fazer é esconder o butim num lugar em que ninguém possa encontrá-lo. Se você investir o dinheiro no seu próprio país correrá o risco de perder tudo no dia em que o poder se for. Especialmente se acabar sendo exilado, um destino que infelizmente não é incomum para os ditadores, é fundamental ter uma reserva a que possa recorrer.

O ditador da Tunísia, Zine el-Abidine Ben Ali, assumiu o risco de guardar o cofre em casa quando teve que fugir da Tunísia em janeiro de 2011, após uma revolta popular. Num de seus palácios, milhões de euros, dólares e dinares tunisianos foram descobertos num cofre secreto escondido atrás de uma estante de livros. Também foram encontradas pilhas de caixas com envelopes selados do Banco Central da Tunísia, além de joias de grande valor. Ben Ali não saiu da Tunísia de mãos vazias. Sua esposa, Leila, fez uma parada no Banco Central e levou consigo meia tonelada de ouro antes de o casal fugir para a Arábia Saudita.

O lugar mais óbvio para um ditador esconder sua fortuna é em bancos suíços ou em outros países de regulamentação bancária frouxa. Investir em imóveis também está em voga. Se fizer o que é certo, o retorno é garantido. Ser dono de casas de campo e outras propriedades espalhadas pelo mundo é, além disso, muito prazeroso.

Paris, Londres e a Riviera Francesa estão entre os lugares favoritos dos ditadores. Investir em ouro também é uma aposta certa. A liquidez é alta e o metal é relativamente fácil de transportar, mas é claro que há outras opções. O Emir do Catar e sua família investem muito dinheiro em arte, o que levou o país a se tornar o maior comprador mundial de arte moderna. A filha do emir, xeica al-Mayassa bint Hamad bin Khalifa al-Thani tem exercido um papel fundamental para transformar o país no Golfo da Pérsia numa verdadeira galeria de arte. O comércio de obras de arte vultosas geralmente é feito por intermediários, portanto, o nome dos compradores é mantido em sigilo.

É impossível saber exatamente quanto a família de ditadores-mecenas do Catar investiu, mas obras de artistas como Roy Liechtenstein, Jeff Koons, Andy Warhol e Damien Hirst foram arrematadas. Em 2007, "White Center", de Mark Rothko, bateu o recorde de pintura mais cara do pós-guerra ao ser arrematada em leilão pelo emir e sua esposa. O preço: 72,84 milhões de dólares. Como se vê, ditadores têm praticamente uma garantia de riqueza, cujo limite é estabelecido apenas pela imaginação.

Como usar a riqueza

Uma coisa é amealhar uma fortuna, outra coisa é gastá-la. Torrar dinheiro pode parecer fácil para quem está do lado de fora, mas é preciso esforço e dedicação para chegar a um patamar de consumo suntuoso no padrão ditatorial. Se você quer gastar dinheiro, aprenda com os mestres. Pouca gente esbanja dinheiro com tanto convencimento e arrogância como ditadores e suas famílias. Como ditador, você é quase obrigado a se cercar de luxo, gastar dinheiro com símbolos de status absurdos e organizar festas e cerimônias espetaculares.

Seu padrão de consumo não precisa estar alinhado ao restante do país. O fato de a maior parte da população viver na pobreza não significa que você não possa viver uma vida decadente e despreocupada. Ao contrário, como líder popular e estrela-guia da nação, é importante manter certa distância e enfatizar que, enquanto chefe de Estado, você goza de mais direitos que o cidadão comum.

O rei Mswati III, de Essuatíni, é um bom exemplo de ditador mergulhado no luxo enquanto seus súditos resignadamente se contentam com um estilo de vida modesto. Segundo a revista *Forbes*, Mswati tem uma fortuna de 100 milhões de dólares e está envolvido em grande parte dos negócios de Essuatíni. Cem milhões de dólares é uma quantia razoável, mas por via das dúvidas o rei também recebe um apanágio do Estado. Em 2011, foi de 210 milhões de emalangenis, o correspondente a cerca de 15 milhões de dólares, quase o mesmo que o governo investiu em medicamentos, inclusive contra a aids, num país onde um quarto da população adulta está infectada pelo HIV.

Mswati também controla um fundo de 10 bilhões de dólares criado por seu pai, o rei Sobhuza II. O fundo destina-se ao bem-estar de todos os cidadãos, mas pouco dinheiro é investido em prol do cidadão comum. Mais de 60% da população de Essuatíni sobrevive com até dois dólares ao dia.

O consumo de Mswati é maior dada sua inclinação pela poligamia. Na última contagem, ele tinha 12 esposas. Uma esposa de ditador típica costuma responder por uma parcela significativa das despesas de luxo da família. A lista de esposas de ditadores com pendor pelo consumo, de Imelda Marcos a Grace Mugabe, é extensa e representa milhões de dólares em viagens de compras ao exterior. As várias esposas de Mswati apenas multiplicam essa equação. Já foram observadas inúmeras vezes viajando à Europa e à Ásia para fazer umas comprinhas. Em meados de 2010, as consortes essuatínis, acompanhadas de um séquito de 80 pessoas, fizeram uma viagem de compras a Londres e Bruxelas. Em 2009, pelo menos cinco delas, juntamente com uma comitiva de dezenas de pessoas, fizeram compras milionárias na França, Itália, Dubai e Taiwan. Um ano antes o assunto foi debatido na imprensa local e levou a protestos em Essuatíni. Ninguém diga que protestar não leva a nada: o rei reagiu prontamente proibindo a mídia local de abordar os gastos da família real.

Em poucos lugares o consumo ditatorial contrasta tão fortemente com o padrão de vida da população como na Coreia do Norte. Neste paraíso comunista, todos são iguais entre si e a cultura consumista do Ocidente é considerada moralmente repreensível, mas os líderes empreendedores da Coreia do Norte pairam acima desses princípios e se entregam ao luxo sem limites.

Pouca informação transpira da Coreia do Norte, e o pouco que chega geralmente são rumores não confirmados. Mesmo assim, desertores fornecem alguns insights sobre como vive a elite norte-coreana. Um destes desertores é o ex-coronel Kim Jong-ryul, que durante anos acumulou a patente com o cargo de *personal shopper* de Kim

Il-sung. Em 1994, ele fugiu para a Áustria depois de fingir sua morte. Em 2010, dois jornalistas austríacos publicaram um livro que conta a história de Kim Jong-ryul. Seu trabalho em aquisições ditatoriais começou em 1972, porque Il-sung queria uma Mercedes. Jong-ryul foi o escolhido porque sabia alemão e tinha conhecimentos de engenharia. Foi despachado para Viena, onde viveu por 16 anos com um passaporte diplomático, para facilitar o desembaraço de mercadorias através das fronteiras.

Jong-ryul adquiriu tapetes caros e armas de fogo banhadas a ouro para o Grande Líder. Il-sung tinha uma atração por automóveis estrangeiros de luxo, e suas várias mansões eram decoradas com lustres de cristal, papéis de parede de seda e mobiliário requintado.

Segundo o *personal shopper*, Kim Il-sung tinha uma predileção por víveres importados. Seus chefs eram enviados para estudar em escolas culinárias de Viena porque o ditador ouviu dizer que a culinária austríaca era excepcional, o que soa um pouco estranho, dado que a Áustria não é tão conhecida pela culinária. Talvez Il-sung fosse fã de salsichas e tortas. O filho e herdeiro de Kim Il-sung, Kim Jong-il, era sabidamente um *gourmand*. Os líderes norte-coreanos mantêm a vida privada em segredo tanto para estrangeiros quanto para seu próprio povo, mas um japonês chamado Kenji Fujimoto, que trabalhou como chef de cozinha de Jong-il entre 1988 e 2001, jogou algumas luzes sobre a misteriosa família Kim. Fujimoto conta num livro que deu a volta ao mundo à procura de iguarias: mangas da Tailândia, frutos do mar do Japão, caviar do Uzbequistão e Irã, cerveja da Tchéquia (antiga República Tcheca) e carne de porco da Dinamarca.

Fujimoto descreve Jong-il como muito exigente em termos culinários. Os funcionários da cozinha tinham que inspecionar cada grão de arroz para descartar os que estivessem quebrados ou deformados. Somente grãos perfeitos de arroz eram servidos ao Querido Líder — uma sugestão que você, quando se tornar um ditador, pode adotar.

A roupa nova do imperador

Como ditador, você precisa manter um padrão de consumo consistentemente alto. Em algumas ocasiões, o céu é o limite. Casamentos são eventos perfeitos para que você, como ditador, mostre ao mundo do que o vil metal é capaz. O casamento de Jean-Claude "Baby Doc" Duvalier e Michélle Bennett, celebrado em 1980, custou 3 milhões de dólares. Somente em fogos de artifício foram gastos 100.000 dólares.

O enlace matrimonial dos herdeiros é um marco importante. Mobutu Sese Seko gastou 3 milhões de dólares quando sua filha Yakpwa casou-se com o empresário belga Pierre Janssen. Três aviões especialmente fretados para isso transportaram os cerca de 2500 convidados. Mil garrafas de champanhe foram consumidas — as mais baratas custando mais de mil dólares; as mais caras, mais de cinco mil. Um avião foi alugado por 75.000 dólares especialmente para trazer de Paris o bolo de casamento de quatro metros de altura. Mobutu comprou três vestidos de noiva para a filha: um para a cerimônia civil, outro para a religiosa e outro para o baile noturno. Os vestidos ficaram a cargo das francesas Nina Ricci, Jean Louis Scherrer e Christian Lacroix. Mobutu não quis deixar os pombinhos começarem a vida a dois sem um teto, então lhes presenteou logo três: uma casa em Bruxelas, uma mansão em Kinshasa e um apartamento em Monte Carlo.

Jean-Bédel Bokassa, da República Centro--Africana, protagonizou uma das maiores ostentações que uma ditadura pode proporcionar. O consumo pessoal de Bokassa e suas construções faraônicas contrastavam fortemente com a vida dos centro-africanos, mas a megalomania do ditador não se resumia a bens materiais.

A trajetória de Bokassa não é muito diferente de vários outros ditadores africanos pós-coloniais: infância difícil, educação missionária e carreira militar. Décimo segundo filho do chefe tribal Mindogon Mgboundoulou, Bokassa nasceu em 22 de fevereiro de 1921, na antiga África Equatorial Francesa. Seu pai foi morto em protestos contra a presença do exército colonial francês, e sua mãe, desesperada, cometeu suicídio.

A família o enviou para estudar numa missão religiosa, onde o pequeno órfão tomou tanto gosto por uma gramática escrita por Jean-Bédel que seus professores passaram a chamá-lo assim. Em 19 de maio de 1939, Bokassa alistou-se no Exército da França Livre e ajudou a libertar Brazzaville, no Congo, do regime de Vichy, simpático a Hitler. Em 1944, desembarcou junto com os Aliados na Provença. Depois da guerra, o soldado Bokassa foi enviado para a Indochina francesa, onde se casou com uma garota de apenas 17 anos.

Em 1962, dois anos após a independência da República Centro-Africana, Bokassa juntou-se às forças militares da jovem nação e recebeu a incumbência de formar um exército. No ano seguinte, já era o comandante-em-chefe de 500 soldados e estava em ascensão para se tornar uma das pessoas mais influentes do país, também porque contava com a simpatia do presidente David Dacko, seu primo.

Bokassa gostava de posar de uniforme completo ao lado do presidente, e fazia o possível para ser visto na companhia das pessoas certas. Era comum se desentender com o chefe de protocolo, Jean-Paul Douate, porque tinha o hábito de se sentar na cadeira presidencial. Várias vezes Dacko foi advertido de que o jovem e ambicioso oficial era uma ameaça, mas preferiu não levar os alertas a sério. Deveria. Na véspera do Ano Novo de 1966, Bokassa avançou a linha e depôs Dacko num golpe rápido e eficaz.

Não demorou para o novo líder introduzir uma série de leis bizarras. Todos os cidadãos entre 18 e 55 anos foram obrigados a comprovar que tinham um emprego, sob pena de multa ou até prisão. Bater tambores passou a ser permitido apenas à noite e nos fins de semana. Foi criada uma brigada moral, cuja tarefa era assegurar o bom comportamento dos frequentadores de bares e boates da capital.

Corrupção, brutalidade e exercício arbitrário do poder. Bokassa seguiu à risca o manual dos déspotas africanos da época, mas a ambição desmedida do ditador centro-africano não tinha rivais. O treinamento militar francês que recebera o deixou fascinado por Napoleão Bonaparte. Como Napoleão proclamou-se imperador, Bokassa quis seguir o exemplo. Em 4 de dezembro de 1977, se fez coroar numa cerimônia na capital, Bangui.

O evento foi um verdadeiro marco do esbanjamento e da ostentação. Cavaleiros foram enviados com bastante antecedência para uma escola de equitação na França a fim de preparar o desfile que culminaria na coroação. Quase 250 toneladas das mais exclusivas iguarias do mundo foram transportadas para Bangui. O artista alemão Hans Linus pintou dois óleos do futuro imperador, um com e outro sem a coroa. Um músico francês compôs duas obras para a ocasião, uma marcha imperial e uma valsa imperial, e um poeta escreveu uma ode com 20 estrofes a Bokassa. Uma delas diz o seguinte:

Bokassa, o novo Bonaparte

Bangui, a gloriosa capital

Obnubila Roma, Atenas e Esparta

Com sua beleza magistral.

 O custo total da coroação é estimado em 22 milhões de dólares, um quarto do orçamento anual de um país onde três dos quatro milhões de habitantes viviam com menos de um dólar por dia. Temendo perder influência na região e, sobretudo, o acesso às minas de urânio do império, a França se dispôs a pagar a maior parte da conta, mas os empresários locais também se voluntariaram para colaborar, na esperança de poder levar adiante seus negócios. Os diamantes usados nas joias do imperador, por exemplo, foram ofertados por comerciantes de diamantes locais.

 A cerimônia foi organizada pelo artista francês Jean-Pierre Dupont. A coroa cravejada de diamantes foi executada pelo joalheiro Claude Bertrand. Juntamente com o cetro imperial, a espada e artigos menores, o gasto em ouro chegou a cinco milhões de dólares. O trono de Bokassa era feito de bronze banhado a ouro e pesava duas toneladas. O assento em si ficava no ventre de uma enorme águia dourada, avaliada em 2,5 milhões de dólares.

O vestuário de Bokassa tinha franca inspiração napoleônica. As roupas foram desenhadas pela Guiselin, a mesma empresa que fez os uniformes para a coroação de Napoleão. O traje de coroação era decorado com dezenas de milhares de pérolas e incluía, como convém a um imperador, uma capa de veludo roxo de nove metros de comprimento. A conta do alfaiate chegou a 145.000 dólares. Sua esposa e futura rainha Catarina usava um vestido de lamê dourado avaliado em 72.000 dólares, da grife francesa Lanvin.

As semelhanças com a cerimônia de Napoleão iam além do vestuário. O futuro imperador fez o possível para convencer o papa Paulo VI a ir pessoalmente a Bangui para coroá-lo. A ideia era tomar a coroa do papa e colocá-la em sua própria cabeça, assim como fez Napoleão. Educadamente, o Vaticano respondeu que o papa estava muito idoso para viajar à África Central e evitou mencionar que os papas não têm mais o hábito de coroar governantes.

A coroação ocorreu no ginásio de basquete do Palácio de Esportes Jean-Bédel Bokassa, localizada na rua Jean-Bédel Bokassa, não muito longe da Universidade Jean-Bédel Bokassa. Durante o jantar, que incluía antílope, *foie gras* e caviar iraniano, Bokassa se aproximou de Robert Galley, ministro do Trabalho e representante da França na ocasião, e sussurrou: "Você não percebeu, mas comeu carne humana". Era — provavelmente — uma piada, mas ajudou a solidificar a reputação de Bokassa como canibal.

Dos 2.500 estrangeiros convidados, apenas 600 compareceram. O constrangimento em participar de um evento tão chamativo e presunçoso deve ter falado mais alto. Todos os monarcas do mundo estavam na lista de convidados, mas o príncipe Emanuel de Liechtenstein foi o único a aparecer. Nem mesmo os colegas do ditador africano, como Idi Amin e Mobutu, deram o ar da graça. Decepcionado, mais tarde Bokassa comentou o *forfait* levantando uma hipótese que tem seu fundo de verdade: "Ficaram com ciúmes de mim porque eu tenho um império e eles, não".

A breve carreira de Bokassa como imperador terminou dois anos depois, após um incidente que fez com que os franceses se voltassem contra seu ex-aliado. Em 18 de janeiro, estudantes de Bangui protestaram depois que Bokassa decidiu obrigar todos os alunos da Universidade Jean-Bédel Bokassa a pagar por uniformes que, por sinal, eram estampados com a efígie do imperador e fabricados por uma empresa de propriedade de uma de suas consortes. Os militares mataram dezenas de manifestantes, inclusive crianças, mas a agitação se prolongou por meses até Bokassa decidir dar um basta. Os jovens manifestantes foram presos e o próprio Bokassa participou das sessões de tortura. Cerca de cem jovens e crianças, algumas com oito anos de idade, morreram. Depois de conhecer os detalhes do massacre, a França fez questão de restituir Dacko no poder, enquanto Bokassa fugia para o exílio em Paris.

Viva com estilo

A maneira como os ditadores usam o dinheiro deixa transparecer um feroz instinto de competição. A relação de custo-benefício fica em segundo plano. O objetivo aqui é possuir aquilo que for mais extravagante, maior e mais caro. O maior iate, o carro mais rápido, o avião mais caro ou o palácio mais luxuoso.

A residência é um item de especial importância. Quanto maior, melhor — e de preferência não apenas uma. Além dos palácios no país de origem, é claro que você deve ter propriedades no exterior. Para que se hospedar num hotel em viagens de compras a Paris ou Roma? Além disso, não custa nada ter um refúgio à mão, caso você, Deus o livre, seja obrigado a fugir para o exílio.

Quando se trata de arquitetura de interiores, certas características parecem ter caído no gosto dos ditadores. Exagero, brilho e ostentação são palavras-chave. "Menos é mais" não se aplica a este caso — "Quanto mais, melhor" deve ser seu mantra. Apesar dessa magnificência, um toque feminino deve perpassar todo o conjunto. Um ditador onipotente tem tanta certeza da própria masculinidade que não tem porque se envergonhar diante de tons pastéis e joias cintilantes. Estas são as principais características do design de interiores ditatorial:

Pense grande

É quase desnecessário dizer. Quanto maior seu palácio, mais poder você exibe ao mundo exterior. Palácios presidenciais e castelos reais são grandes não importa onde estejam, mas os ditadores sempre almejam superar a concorrência. Pertence ao sultão de Brunei o maior e, provavelmente, mais luxuoso palácio presidencial do mundo. O prodígio arquitetônico de 200.000 quilômetros quadrados é chamado *Istana Nurul Iman*, que significa "Palácio da Luz e da Fé". O palácio tem 1.788 quartos, incluindo 257 banheiros, um salão de banquetes com capacidade para 5.000 pessoas e uma mesquita com capacidade para 1.500 fiéis. A garagem abriga apenas 110 veículos, uma pequena fração da coleção de carros do sultão. Construído em 1984, o palácio custou 400 milhões de dólares.

Deve-se acrescentar que a administração governamental de Brunei tem sede no palácio e ocupa parte do espaço. Mas se o sultão precisa se distanciar do resto do governo e se afastar de seus deveres diários como chefe de Estado, dispõe de outros três palácios. Que, aliás, não são nada pequenos.

Mire-se no passado

Os ditadores costumam recorrer a uma arquitetura moderna e voltada para o futuro quando se trata de edifícios públicos, mas suas moradias geralmente tendem a ter um aspecto mais conservador. Muitos buscam inspiração na arquitetura aristocrática antiga, ou ainda seus países de origem, embora a Europa sempre seja um modelo a seguir — o que não deixa de surpreender, dado que o continente abriga relativamente poucos ditadores. Ao mesmo tempo, muitas das ditaduras de hoje foram colônias europeias, cuja elite nativa copia a moda e o pensamento europeus.

Aposte no barroco

Não no barroco enquanto período histórico (embora isso não esteja excluído), mas no sentido do *excesso*. "Minimalismo" é um termo estranho aos ditadores. Modéstia é um substantivo proibido. Você tem dinheiro? Então mostre. Sempre haverá espaço para um candelabro a mais, sempre cabe mais um pilar numa colunata e poucos objetos não ficam mais bonitos com uma bela demão de tinta dourada.

Pense dourado

O ouro, particularmente, nunca sai de moda no mundo dos ditadores. É um favorito dos déspotas desde os faraós no Egito. Quase tudo pode ser dourado. Estátuas e bustos de si mesmo são exemplos por demais óbvios, mas sua imaginação estabelece os limites. Além de um trono dourado, o imperador Bokassa embalava os sonhos numa cama banhada a ouro. O ditador cubano Fulgencio Batista recebeu um telefone banhado a ouro da empresa de telecomunicações norte-americana ITT. Um mimo de agradecimento por ter mantido as tarifas altas e, consequentemente, contribuído para elevar os lucros da subsidiária cubana. Déspotas apreciam torneiras douradas em seus banheiros, num indício de que o ouro simboliza a pureza no universo ditatorial. Nos banheiros de quase todos os ditadores, de Ceaușescu a Marcos, você poderá tomar um banho com água que escorre por canos dourados.

Armas banhadas a ouro são um artigo de primeira necessidade. Muammar Gaddafi empunhava uma pistola de ouro quando foi capturado, e várias outras armas reluzentes foram encontradas em seus palácios. Saddam Hussein também tinha uma coleção de armas de fogo douradas, incluindo vários fuzis Kalashnikov banhados a ouro. Hussein também tinha pratos dourados, que após a invasão norte-americana foram parar no restaurante Park Avenue Autumn, em Nova York.

Exiba sua egolatria

A pessoa mais importante do mundo é você, e só há uma maneira de deixar isso bem claro. A maioria dos ditadores cuida de preencher o espaço público com reproduções de si mesmos, e assim deve ser também na sua própria casa. Encha a casa com pinturas, fotografias, bustos e estátuas de si mesmo. Patrocine artistas famosos para imortalizá-lo em mármore, aquarela, óleo, bronze — ou ouro.

Transporte ditatorial

Quando os ditadores não estão em seus palácios, é bem provável que estejam a bordo de um iate gigantesco. Seis dos dez maiores iates do mundo estão nas mãos de ditadores. Embora, até pouco tempo, o maior fosse de propriedade do oligarca russo Roman Abramovich, o xeque Khalifa bin Zayed al-Nayan, presidente dos Emirados Árabes Unidos e emir de Abu Dhabi, estabeleceu um novo recorde mundial ao construir, em 2013, um iate de 590 pés (180 metros). Segundo rumores, o *Azzam* tem 50 suítes, seis pontes e um lounge de 550 metros quadrados, equipado com todo o luxo que se possa imaginar. O designer de interiores francês Christophe Leoni assina a decoração, aparentemente inspirada no estilo imperial da virada do século. O iate alcança a velocidade máxima de respeitáveis 31,5 nós (cerca de 59 quilômetros) por hora. Ditadores árabes em especial têm um atrativo por barcos de grande porte. O emir de Dubai possui um iate de 531 pés (162 metros), o sultão de Omã tem um pouco menor (155 metros), e o do rei da Arábia Saudita mede 146 metros.

Hannibal, filho de Muammar Gaddafi, achou que um iate tradicional não era grande o suficiente. O sempre animado filho do ditador tantas vezes precisou de um espaço à altura para receber seus amigos em alto-mar que resolveu encomendar logo um navio de cruzeiro para chamar de seu. Luxo e ostentação ditatoriais eram ingredientes obrigatórios a bordo, mas Hannibal quis encantar seus convidados com um algo a mais. A *pièce de résistance* do barco seria um aquário grande o suficiente para abrigar um casal de tubarões-touro, outro de tubarões-brancos e mais dois tubarões-de-galhas-negras. O tanque seria cercado por colunas de mármore, espelhos com molduras douradas e estátuas. A fim de garantir o bem-estar dos animais de estimação do filho do ditador, quatro biólogos seriam empregados em período integral.

O navio de cruzeiro, com capacidade para 3.500 convidados, tinha o nome de *Phoenicia*, mas não foi concluído porque, em meados de 2011, papai Gaddafi foi assassinado e Hannibal precisou sair do país às pressas. O navio foi comprado por uma operadora turística e renomeado *MSC Preziosa*, uma iniciativa que até certo ponto democratiza o acesso a cruzeiros marítimos no melhor estilo ditatorial. Infelizmente, o tanque de tubarões foi excluído do projeto.

Há outros ditadores que adoram o mar. O grande líder do Turcomenistão, Gurbanguly Berdimuhamedov, queria um iate tão grande quanto o de Abramovich, mas infelizmente os canais que levam ao mar Cáspio são muito estreitos e o Turcomenistão não possui outro litoral. Foi preciso se contentar com um barquinho menor, segundo revelou um relatório do encarregado de negócios na embaixada norte-americana em Ashgabat, tornado público graças ao *WikiLeaks*.

Berdimuhamedov também se valeu do seu poder ilimitado para tripular o iate. Segundo o relatório, sete marinheiros, funcionários da transportadora marítima sueca GAC, receberam ordens de trabalhar no barco de lazer do ditador. Um dos chefes do GAC disse à embaixada norte-americana que estava de férias quando recebeu um telefonema da empresa requisitando três de seus marinheiros: um capitão, um primeiro oficial e um engenheiro. Os três, no entanto, recusaram-se a trabalhar no barco do ditador, mas Berdimuhamedov não se deixou abater. No documento da embaixada consta o seguinte: "Menos de três dias depois, ligaram novamente do escritório para informar que agentes de segurança haviam subido a bordo do navio da GAC ancorado no porto e confiscado seus documentos de registro, impedindo-o na prática de zarpar".

O chefe da GAC interrompeu as férias na Tailândia e voltou às pressas para se reunir com a autoridade portuária da cidade de Turkmenbashi. O homem estava tão transtornado com a desfeita da GAC que se virou de costas e se recusou a lhe dirigir a palavra. Por fim, o diretor da GAC conseguiu chegar a bom termo com o gerente do porto e os três empregados foram alocados no iate do ditador. Mais tarde, as autoridades turcomenas exigiram que a GAC enviasse mais quatro funcionários. Os marinheiros seriam cedidos em regime temporário, porém mais tarde a GAC foi notificada de que não retornariam à empresa.

De acordo com o documento do *WikiLeaks*, o navio avaliado em 60 milhões de euros foi um mimo da empresa russa Itera, responsável por grandes projetos industriais no Turcomenistão. Outro exemplo das vicissitudes da corrupção.

Em termos de decoração interior, os ditadores buscam em suas embarcações seguir o mesmo estilo de seus palácios. No megaiate *Dubai*, por exemplo, predominam na decoração o ouro, o vidro e a madeira de lei. O navio abriga outros veículos de primeira necessidade, como um helicóptero e um minissubmarino.

Um iate se destina sobretudo ao lazer e recreação. Para percursos mais longos, é mais rápido voar. O inconveniente são as filas dos aeroportos, tão cansativas e demoradas. Um ditador com o mínimo de autoestima precisa ter um ou mais aviões privados à disposição. O sultão de Brunei tem pelo menos três jatos comerciais: um Boeing 767, um Boeing 747 e um Airbus A340-200. O sultão faz questão de acompanhar as tendências também no interior de seus aviões, e o 747 mantém a boa tradição ditatorial de ostentar ouro nos banheiros.

O emir de Dubai também viaja num Boeing 747 quando vai ao exterior, assim como vários outros membros da realeza na Península Arábica, mas o primeiro a encomendar para uso pessoal um Airbus A380, maior avião de passageiros do mundo, foi um príncipe saudita.

O comprador tentou manter o anonimato, mas foi identificado como príncipe al-Waleed bin Talal, neto de Abdul Aziz al-Saud, fundador da Arábia Saudita. Por 488 milhões de dólares, o A380 é o avião privado mais caro do mundo. É equipado com um banho turco em mármore, uma sala de concertos para dez pessoas e uma garagem para abrigar o Rolls-Royce do príncipe. As suítes privadas possuem um tapete de oração eletrônico que sempre aponta para Meca. A joia da coroa é uma "sala de bem-estar" com uma tela gigante no piso exibindo imagens do chão — uma espécie de "tapete voador" para entreter os passageiros.

Luxo blindado

Veículos caros são outro artigo de luxo em que ditadores costumam investir um bom dinheiro. Ferrari, Bugatti, Bentley e outros fabricantes de automóveis exclusivos estariam em apuros financeiros se não tivessem ditadores como fregueses.

Certas marcas detêm a preferência, como a Cadillac e a franca favorita Rolls-Royce. Consta que até o herói revolucionário soviético Vladimir

Lênin era dono de Rolls-Royces — mais precisamente de nove modelos *Silver Ghost*, entre outros veículos. Como essa informação se encaixa na narrativa de uma sociedade sem classes é difícil dizer. Talvez Lênin tivesse ambições muito elevadas para o padrão da Rússia proletária. Na Ásia, norte da África e Oriente Médio, esportivos como Ferraris e Lamborghinis caíram nas graças de ditadores e seus parentes. Estes são menos populares na África subsaariana, talvez porque as péssimas estradas tornam os carros praticamente inúteis. Teodorin Obiang, filho do ditador da Guiné Equatorial, é uma exceção e possui uma coleção de supercarros multimilionários.

A Mercedes é outra marca da predileção dos ditadores, e Mercedes blindadas talvez sejam um clássico ditatorial por excelência. Kim Jong-il é um dos entusiastas e já foi observado numa limusine blindada Mercedes S-600 *Pullman Guard*. Mike Kim escreve em seu livro *Escaping North Korea: Defiance and Hope in the World's Most Repressive Country*[ii], publicado em 2001, que Jong-il gastou 20 milhões de dólares em 200 unidades do modelo mais novo da Mercedes, que distribuiu de presente a seus apoiadores mais leais.

Ditadores estão na afortunada categoria de pessoas que podem adquirir carros especialmen-

---

[ii] *Escapando da Coreia do Norte: Desafio e esperança no país mais repressivo do mundo.* (NdoT)

te adaptados ao próprio gosto. O xá Reza Khan Pahlavi da Pérsia ficou particularmente impressionado com o modelo 3500 da Maserati, mas não com o modelo existente, e sim com uma versão nova e melhorada que pediu à Maserati para construir. Nascia assim o Maserati 5000GT, cujo primeiro exemplar foi entregue ao xá em 1959. O 5000GT é considerado por muitos aficionados por carros um dos melhores modelos da história da montadora italiana.

Idi Amin, de Uganda, difere ligeiramente de seus colegas e pode ser considerado quase um *hipster* no mundo da ditadura. Amim tinha um gosto vanguardista e era fã do cultuado Citroën SM, do qual tinha vários exemplares. O SM era o carro-chefe da Citroën no início da década de 1970 e se converteu num clássico do design.

Não é de surpreender que o sultão do Brunei ofusque seus colegas ditadores também no dinheiro que investe em automóveis. No total, a família real tem milhares de carros, mas a coleção particular do sultão conta com algumas centenas — quantos exatamente talvez só o sultão saiba. Entre eles estão exemplares dos supercarros mais modernos que existem, incluindo várias unidades do McLaren F1, dezenas de Ferraris e Bentleys, além de vários modelos personalizados. Um deles é um Rolls-Royce com a traseira imitando um Porsche 911.

Um Rolls-Royce está permanentemente à disposição do sultão circulando ao redor do palácio, caso ele decida ir a algum lugar de última hora.

Seu irmão, príncipe Jefri Bolkiah, possui mais de 2.000 carros, uma coleção ainda maior que a do próprio sultão. Michael Sheehan, negociante de carros de luxo, visitou Brunei para comprar alguns deles. Segundo Sheehan, Jefri tem oito armazéns enormes abarrotados de veículos, em sua maioria modelos exclusivos.

Jefri foi ministro das Finanças do Brunei de 1986 a 1998 e responsável pela Brunei Investment Authority (BIA), que gerencia as receitas petrolíferas do país. Após a crise financeira asiática de 1997, os investimentos da BIA foram submetidos a uma auditoria pública. A empresa do príncipe Jefri, Amadeo, entrou em colapso em 1988, tendo acumulado uma dívida de 10 bilhões de dólares. A auditoria realizada na BIA revelou que, entre 1983 e 1998, 40 bilhões de dólares foram movimentados em "transferências especiais". Destes, 14,8 bilhões saíram para as contas de Jefri. É por isso que Jefri não tem mais condições de custear a manutenção de seus veículos. Alguns teriam sido vendidos, mas a maioria está enferrujando sob o clima quente e úmido de Brunei.

Muammar Gaddafi é o único ditador a projetar seu próprio carro. O *Saroukh el-Jamahiriya* (Foguete Líbio) foi revelado em 1999, no 30º aniversário da revolução que levou o coronel Gaddafi ao poder. O nome faz alusão à frente pontiaguda, que deixa o carro parecido com um foguete. O objetivo era projetar o carro mais seguro do mundo, e o focinho pontudo estava ali por razões de segurança. A ideia era que, em caso de colisão frontal, a frente inclinada forçasse o carro a desviar para o lado. Uma ideia brilhante, desde que ambos os carros que colidissem fossem do mesmo modelo. O bólido, que acomoda cinco pessoas, também tinha um "sistema de defesa eletrônica", *airbags* e corte automático na injeção de combustível em caso de acidente, para evitar incêndios.

— A invenção do carro mais seguro do mundo é a prova de que a Revolução Líbia é construída sobre a felicidade do povo — disse Dukhali al--Meghareff, chefe da Companhia de Investimento Doméstico Árabe Líbia, responsável pelo desenvolvimento do carro. Durante a solenidade de lançamento, aludindo ao nome do carro, ele fez questão de enfatizar que, enquanto uns constroem foguetes para matar, a Líbia os projeta para fins pacíficos e humanos.

A produção estava prevista para começar já no segundo semestre de 1999, mas depois disso passou-se uma década sem que ninguém voltasse a falar no assunto. Em 2009, durante uma cúpula da União Africana, em Trípoli, uma versão atualizada do foguete foi apresentada. Desta vez, o protótipo foi fabricado na Itália pela empresa

Tesco TS SpA, sediada em Turim. O interior do veículo foi decorado com produtos líbios, como couro, tecidos finos e mármore. Novamente se divulgou que o carro começaria a ser produzido em breve, mas desde então nunca mais se ouviu falar do projeto.

Transe à vontade

No rol de ditadores, atuais e pretéritos, há alguns com um apetite sexual impressionante. Diante de oportunidades ilimitadas de sexo, é natural se comportar como uma criança numa loja de guloseimas. Ou será que ditadores têm um ego tão grande que precisam ser satisfeitos e estimulados o tempo todo? Talvez seja justamente o impulso sexual que os conduz ao topo da pirâmide. Qualquer que seja o motivo, ditadores são pessoas que costumam realizar todas as fantasias sexuais que desejam, levando adiante uma linhagem de tiranos cuja vida sexual era tanto ativa como imaginativa.

Vários dos ditadores mais brutais da história eram notórios mulherengos — alguns até meio esquisitões —, mas tinham uma característica comum: eram amantes egoístas e nada afetuosos. Benito Mussolini, por exemplo, costumava se contentar com uma rapidinha sobre a mesa, sem se preocupar sequer em tirar a roupa.

"O poder é o afrodisíaco mais forte", disse o consultor de Segurança Nacional dos EUA, Henry Kissinger, quando o presidente Mao Tsé-tung lhe perguntou como um gordinho como ele tinha tantas mulheres. Mao, por sua vez, sugeriu a Kissinger, durante uma reunião na China, levar consigo dez milhões de chinesas para os Estados Unidos. "Você sabe, a China é um país muito pobre. Não é muito o que temos. Mas temos um excedente de mulheres. Então, se quiser, podemos enviar dezenas de milhares delas." Minutos depois, aumentou a oferta: "Você quer nossas chinesas? Podemos lhe dar dez milhões. Temos mulheres demais. Elas têm muitos filhos e nossos filhos já são muitos". Kissinger rebateu de forma rápida e desconcertante: "É uma ideia tão nova que precisamos dedicar um tempo para estudá-la".

Mais tarde, um dos assessores de Mao observou que aqueles comentários não seriam bem recebidos pelo público. Mao pediu desculpas à intérprete e os dois líderes concordaram em remover as falas da ata oficial do encontro. A história só veio a público 35 anos depois.

O poder é sexy, e o poder absoluto, aparentemente, é irresistível. É natural que ditadores larguem com vantagem na arte da sedução: seus súditos lhes devem completa obediência. Rejeitar um déspota sedutor pode ter consequências fatais.

O poder é sexy, mas, por outro lado, o sexo também pode ser usado como uma ferramenta de poder. O rei Ibn Saud, fundador da Arábia Saudita, uniu a nação casando-se com mulheres de mais de trinta das muitas tribos locais. Tinha à disposição quatro esposas, quatro concubinas e quatro escravas para satisfazê-lo. A fim de dirimir boatos sobre sua virilidade declinante, fez uma visita à tribo que espalhou os rumores e tirou a virgindade de uma das jovens locais. O soberano se gabava de ter tirado a virgindade de mais de 700 garotas.

Adolf Hitler pertence ao rol de ditadores excêntricos, e o líder nazista alemão manifestava traços masoquistas evidentes. Pouco depois de chegar ao poder, Hitler recebeu em casa a visita da bela estrela de cinema Renate Müller, de apenas 19 anos. Hitler gabou-se da crueldade com que os torturadores da Gestapo obtinham confissões de suas vítimas. Quando entraram no quarto e se despiram, Hitler deitou no chão aos pés de Müller e gritou: "Estou sujo e imundo. Bata em mim! Bata em mim!". Mais tarde, ela disse ao diretor de cinema Alfred Zeisler que teve que fazer coisas ainda piores, coisas sobre as quais nem conseguia falar.

No final da década de 1920, Hitler engatou um relacionamento com uma sobrinha, Geli Raubal, filha da meia-irmã. Otto Strasser, irmão de Gregor Strasser, um dos aliados de primeira hora do líder nazista, disse que Hitler pediu a Geli que se despisse e se agachasse sobre seu rosto. Hitler ficou muito excitado e, aproximando-se do clímax, pediu que ela urinasse sobre ele.

Eva Braun, parceira de longa data, também deu a entender que Hitler tinha preferências sexuais especiais. "Ele só precisa de mim para alguns propósitos. Isso é idiota", escreveu em seu diário. Ao fazerem uma autópsia nos despojos de Hitler, os russos confirmaram um desses rumores. O líder nazista tinha apenas um testículo. Muitos duvidam desta afirmação e acreditam que seja apenas mais um lance da propaganda soviética.

Não se sabe ao certo quando Hitler teria perdido seu testículo, mas indícios apontam para a Batalha de Somme, na Primeira Guerra Mundial, quando sofreu ferimentos. Outra teoria é que o testículo foi removido na tentativa de curá-lo da sífilis que o infectou ainda jovem, após um encontro com uma prostituta.

O gigante Mussolini

O líder fascista italiano Benito Mussolini foi um conquistador de mão cheia, como deixa claro o diário de sua amante de longa data, Claretta Petacci, publicado em 2009. Petacci virou amante de Mussolini aos 19 anos e acabou se tornando sua companhia feminina favorita. Ela o chamava de

Ben, mas Mussolini, com toda a modéstia, referia-se a si mesmo como "seu gigante".

De acordo com Petacci, Mussolini lhe disse: "Por um período, tive 14 mulheres e me deitava com três ou quatro delas todas as noites, uma depois da outra. Isso lhe dá uma ideia da minha sexualidade. Mas agora você é a única". De acordo com Nicholas Farrell, que escreveu uma biografia de Mussolini, *Il Duce* teria feito sexo com pelo menos 5.000 mulheres. "O mordomo de Mussolini revelou que ele fazia sexo com mulheres o tempo inteiro, nas costas de Clara Petacci", disse Farrell numa entrevista.

Quinto Navarra, lacaio de Mussolini, disse que levava mulheres para o escritório todas as tardes até o dia em que o Duce foi deposto. As mulheres eram registradas no livro de visitas como "convidadas fascistas". Como regra, Mussolini não se demorava com nenhuma delas.

Um cafetão no Gabão

O falecido homem-forte do Gabão, Omar Bongo, um dos recordistas mundiais no poder, ficou famoso na Noruega por ser alvo de um disparate do então ministro norueguês das Relações Exteriores, Thorbjørn Jagland. Em 2001, nos preparativos de uma visita oficial do ditador gabonense a Oslo, Jagland disse numa entrevista à *TV2* que "todo mundo no ministério está ansioso para conhecer o Bongo do Congo". A declaração revelava, em primeiro lugar, uma falta de conhecimento geográfico dos funcionários do ministério das Relações Exteriores.

Bongo é um personagem bem mais interessante do que supõem os gracejos dos diplomatas noruegueses. Tornou-se presidente do Gabão em 1967 e governou até morrer, em 2009, 42 anos depois. O baixinho Bongo tinha o apelido de "Homenzinho da África". Compensava sua baixa estatura com sapatos de plataforma e roupas elegantes, e era conhecido por ser carismático e sedutor.

Casou-se três vezes e teve um total de mais de 30 filhos com suas esposas e inúmeras amantes.

Esposas e amantes não eram páreo para o viril ditador. Em 2004, o *The New York Times* informou que Bongo tentou seduzir a concorrente peruana de um concurso de miss. O ministério das Relações Exteriores do Peru afirmou que Ivette Santa Maria, de 22 anos, participante do Miss Peru América, fora convidada ao Gabão para apresentar um concurso de beleza local.

Santa Maria disse que foi levada ao palácio presidencial assim que desembarcou no Gabão. Bongo surgiu e apertou um botão que descortinava uma série de painéis corrediços ao melhor estilo James Bond. Atrás deles havia uma cama enorme. Santa Maria disse a Bongo que não era prostituta e foi escoltada de volta ao hotel. Como não tinha dinheiro para a viagem de regresso, ficou presa no Gabão por doze dias até conseguir ajuda para voltar para casa.

Como a maioria dos ditadores, Bongo apreciava os prazeres da vida e tinha uma atração por roupas luxuosas. Teria gasto 600.000 dólares por ano em trajes exclusivos, especialmente trazidos da França. Um de seus alfaiates favoritos em Paris era o italiano Francesco Smalto. Smalto o conquistou não apenas por ajudá-lo a se vestir, mas também a se *despir*. O alfaiate costumava enviar as roupas para o Gabão junto com prostitutas de luxo.

Em 1995, Smalto foi indiciado por cafetinagem num processo que abalou o mundo da moda francesa. O caso começou como uma investigação policial no mercado francês de acompanhantes de luxo. A investigação levou à cafetina Laure Moerman, que fornecia "modelos" a estilistas. Várias modelos disseram à polícia que Smalto as contratava para levar roupas para Bongo.

— Foi uma noite muito ruim. Bongo não queria usar camisinha e, como uma amiga tinha morrido de aids, eu não queria transar com ele — disse uma mulher chamada Monica. Uma garota de nome Chantal disse que o preço do sexo com Bongo era de 6.000 libras esterlinas sem e 1.200 com camisinha.

A transcrição de uma conversa telefônica entre as prostitutas Ariane e Sarah, lida durante o julgamento, deixou o tribunal boquiaberto. "A Marika me ligou. Ela precisa viajar para Libreville. Eu disse que tivesse cuidado. Um amigo dele morreu desse negócio", disse Ariane. "Aids. É terrível", respondeu Sarah. "Sim, e o pior é que um alfaiate conhecido está por trás", disse Ariane.

Smalto inicialmente negou as acusações, mas depois admitiu que enviava as meninas para o Gabão porque tinha medo de perder seu melhor cliente. "Percebemos que a presença feminina facilitava os negócios com o Sr. Bongo", declarou Smalto. "Eu suspeitava que ele fizesse sexo com elas, mas não tinha certeza."

Smalto foi condenado a 15 meses de prisão e multado em 600.000 francos. Além disso, teve que pagar a quantia simbólica de um franco a uma organização antiprostituição. Um bom ditador não pode se deixar embaraçar pelo sistema judiciário de uma democracia. Bongo convocou o embaixador do Gabão na França e seus apoiadores protestaram contra o veredicto diante da embaixada francesa em Libreville, capital do Gabão.

"Bunga bunga" com o coronel Gaddafi

O coronel Muammar Gaddafi é outro ditador que apreciava mulheres. Sua guarda pessoal, exclusivamente feminina, era uma marca registrada. Gaddafi as recrutava pessoalmente e exigia que fossem virgens. De acordo com a versão oficial do regime de Trípoli, as guardas eram obrigadas a fazer voto de castidade. Ainda assim, havia rumores persistentes de que ele esperava favores sexuais delas.

Em entrevista ao jornal britânico *Sunday Times*, o cozinheiro particular de Gaddafi, Faisal, comentou os hábitos sexuais do ditador. Faisal trabalhou para Gaddafi por sete anos e tinha uma boa perspectiva da vida sexual do líder líbio. Segundo ele, o ditador dormia com quatro mulheres por dia e consumia muito Viagra. Gaddafi ingeria as pílulas azuis com tanta frequência que uma de suas enfermeiras o alertou contra o uso excessivo, mas o medicamento não era o único estimulante sexual que consumia. Segundo Faisal, um emissário teria sido despachado para Paris para comprar um equipamento que Gaddafi usava para distender o pênis.

— Eram quatro, às vezes cinco mulheres, todos os dias. Para Gaddafi elas se tornaram uma espécie de vício. Eles entravam no quarto, ele fazia o que tinha que fazer e depois saía como se tivesse acabado de assoar o nariz — disse Faisal ao *Sunday Times*.

Segundo o chef, as guarda-costas femininas não eram tão virtuosas quanto dizia a propaganda oficial. "Todas faziam sexo com Gaddafi. As mais astuciosas ficaram ricas com os presentes que recebiam, mansões e pilhas enormes de dinheiro", afirmou. Faisal disse também que Gaddafi havia feito sexo com quatro mulheres horas antes de se encontrar com o príncipe Andrew, para tratar das relações entre a Grã-Bretanha e a Líbia.

O ex-primeiro-ministro italiano Silvio Berlusconi era amigo de Gaddafi até lhe dar as costas e apoiar o movimento de resistência na Líbia, em 2011. Os dois chefes de Estado compartilhavam um apreço por prostitutas que os aproximava e os tornava aliados de ocasião.

Quando Gaddafi quis assumir a presidência da União Africana, em 2009, não contava com um único voto. De acordo com Nuri al-Mismari, ex-colaborador de Gaddafi exilado na França em 2010, Berlusconi foi acionado e enviou duas prostitutas para um certo chefe de Estado africano.

— O líder se convenceu e votou em Gaddafi, e assim nasceu o termo "bunga bunga", associado a mulheres lascivas e aventureiras — disse al-Mismari ao jornal *Ashaeq al-Awsat*.

A expressão *bunga bunga* fez sua estreia no idioma italiano no fim de 2011. Em maio de 2010, uma dançarina menor de idade chamada Karima el-Mahroug, também conhecida pelo nome artístico Ruby Rubacuori ("Ruby Rouba Corações"), foi presa por roubo em Milão. A polícia recebeu uma ligação do gabinete do primeiro-ministro Berlusconi informando que a mulher era parente do então ditador do Egito, Hosni Mubarak — o que mais tarde se revelaria uma deslavada mentira.

Durante a investigação do caso, el-Mahroug, originalmente uma cidadã marroquina, disse que fora convidada para participar de festas com Berlusconi. Numa delas, recebeu um envelope com 7.000 euros. Disse também que recebeu joias, mas negou ter feito sexo com o ex-primeiro-ministro italiano.

Também forneceu mais detalhes sobre as festas sexuais de Berlusconi, chamadas de *bunga bunga*. "Silvio me disse que copiou a receita de Gaddafi. É um ritual de seu harém africano", disse el-Mahroug aos investigadores italianos.

Aparentemente, o filho do ditador, Saadi Gaddafi, também tinha uma vida sexual bastante ativa, e não apenas com mulheres. O jogador de futebol líbio Reda Thawargi que o diga. Os dois eram amigos íntimos e companheiros de equipe no clube líbio al-Ahli. Saadi tentou engatar uma carreira no futebol italiano e trouxe Thawargi a reboque. Em 2003, o filho do ditador assinou um contrato com o Perugia para jogar na Série A do campeonato italiano. Infelizmente, o talento de Saadi não correspondia às suas ambições, e ele só conseguiu jogar uma partida pelo Perugia antes de ser flagrado num exame antidoping.

O que os dois amigos não suaram em campo compensaram nas boates de Perugia. De acordo com Thawargi, ele e o jovem Gaddafi sempre traziam garotas para o hotel de luxo onde estavam hospedados. Saadi também trazia homens. "Saadi é gay. Tentou fazer sexo comigo, mas eu recusei. Só gosto de garotas. Então ele me pôs na cadeia", declarou Thawargi ao jornal *The Australian*. O julgamento foi sumário. O juiz afirmou que "se Saadi disse que você fez algo errado, então você deve ir para a cadeia".

O jogador passou dois anos e meio na prisão até ser libertado, em 20 de fevereiro de 2011, às vésperas dos levantes líbios contra Gaddafi. "Saadi me ligou desesperado e me pediu para dar uma entrevista à TV estatal dizendo que eu o apoiava. Eu recusei e me escondi", disse Thawargi ao *The Australian*.

A bissexualidade de Saadi também foi assunto de um relatório de 2009 do embaixador dos EUA na Líbia, vazado pelo *WikiLeaks*. O embaixador escreve que os relacionamentos sexuais de Saadi com os homens devem ter criado um conflito com o pai e levado a um casamento arranjado entre o herdeiro do ditador e a filha de uma figura importante no regime de Gaddafi:

Saadi tem um passado conturbado, que inclui incidentes com policiais na Europa (especialmente na Itália), abuso de drogas e álcool, festas excessivas, viagens ao exterior contra os desejos do pai e casos com homens e mulheres. Sua bissexualidade deve ter sido um grande problema para o pai e motivado, ao menos em parte, a decisão de arranjar um casamento do herdeiro com a filha de al-Khweildi al-Hmeidi. Transmitir a impressão de que os filhos de Gaddafi tinham um emprego e eram úteis era um objetivo importante do regime.

Amantes no celuloide

Talvez Saadi tenha saído justo ao pai. Há rumores de que o próprio Muammar Gaddafi era gay. A fonte é ninguém menos que a espaventosa esposa do ditador filipino, Imelda Marcos. A bela Imelda foi enviada à Líbia em duas ocasiões, em 1976 e 1977, porque seu marido, o presidente Ferdinand Marcos, suspeitava que Gaddafi estivesse abastecendo com armas um grupo rebelde muçulmano nas Filipinas. O trabalho de Imelda era conter o ditador líbio. Ao retornar para casa sem ter consumado o ato, disse a amigos que Gaddafi "ou era gay ou era um filhinho da mamãe".

Imelda é o arquétipo da esposa do ditador decadente e ávido por poder. Mais conhecida pela beleza e pela enorme coleção de sapatos, sua vida como primeira-dama das Filipinas estava longe de ser fácil. Imelda sofreu para manter o marido mulherengo na rédea curta.

O casal se conheceu em 1954. Marcos apaixonou-se à primeira vista pela ex-participante do concurso de Miss Filipinas e começou a cortejá-la. Ele convidou Imelda e duas namoradas para mostrar seu cofre, onde guardava cerca de um milhão de dólares em dinheiro. Pouco tempo depois, eles se casaram.

Marcos, no entanto, tinha uma amante chamada Carmen Ortega, que morava com ele e sua mãe. O casal estava junto havia quatro anos, e Carmen era frequentemente apresentada como Sra. Marcos. Ferdinand deu a Carmen um novo lar e continuou a encontrá-la depois que se casou com Imelda.

O casamento com Imelda foi interpretado por muitos como uma manobra política. Imelda vem da família Romualdez, que tem grande influência na ilha de Visayan. Casar-se com ela foi a maneira que Ferdinand encontrou de conseguir os votos necessários para vencer as eleições ao Senado.

Após um confronto com Carmen, Imelda sofreu um colapso nervoso e foi a Nova York se tratar. Entre abandonar o marido ou tirar proveito da situação da melhor maneira possível, Imelda escolheu a última opção.

Ferdinand Marcos nasceu na vila de Sarrat, na ilha de Luzón, em 1917. A família tem ascendência chinesa e japonesa, e Marcos dizia ser descendente de um pirata chinês do século XV, o que ajuda a explicar por que roubou tanto dinheiro dos cofres filipinos. Seu pai era advogado e político com assento na Assembleia Nacional das Filipinas de 1925 a 1931. Ferdinand seguiu os passos do pai e estudou Direito. Em 1946, as Filipinas tornaram-se independentes; o primeiro mandato de Marcos no parlamento foi em 1949. Em 1965, foi eleito presidente após uma campanha acrimoniosa que incluiu ameaças, compra de votos e fraude eleitoral. Marcos se retratou como um herói da Segunda Guerra, alegando ter liderado uma tropa de 9.000 guerrilheiros.

Na autobiografia *Encarando o destino*, que encomendou e publicou em 1968, Ferdinand descreve seus esforços como guerrilheiro contra as forças japonesas. Na verdade, ele não apenas *não* lutou ao lado dos Aliados durante a guerra como também *colaborava* com os japoneses. Segundo o livro, Ferdinand recebeu várias medalhas por seus esforços, incluindo a *Medal of Honor* norte-americana. Como ignorava o paradeiro da medalha, recebeu uma nova do governo dos EUA. Marcos era um importante aliado na luta contra o comunismo, e presenteá-lo com uma medalha por seus esforços estava de bom tamanho.

A biografia de Marcos já havia se tornado uma série de TV, mas Ferdinand queria agora transformá-la num longa-metragem. No livro, Ferdinand tinha uma amante estadunidense-filipina, Evelyn, que salvou sua vida intrometendo-se na trajetória de uma bala destinada a ele. Uma jovem atriz norte-americana chamada Dovie Beams estava entre as possíveis candidatas ao papel de Evelyn e, após um breve encontro com Ferdinand, tornou-se sua amante. Ganhou o papel.

Munida de um gravador de voz, Ferdinand ajudou Dovie a decorar suas falas. Quando os dois faziam uma pausa no ensaio para fazer sexo, Dovie deixava o gravador ligado. Não demorou para acumular uma grande coleção de áudios picantes. A astuta Dovie também roubou vários documentos de Ferdinand durante os encontros furtivos que mantinham no palácio presidencial. Ferdinand também queria guardar recordações dos momentos de amor com Dovie, e fez fotos dela nua com uma câmera Polaroid. A certa altura, Ferdinand pediu a Dovie um chumaço de seus pelos pubianos. Ela concordou, desde que ele retribuísse com um punhado dos seus.

Ferdinand acabou perdendo o interesse em Dovie e terminou o relacionamento. Dovie foi informada de que não haveria filme com ela e voltou para os Estados Unidos. Pouco tempo depois, retornou às Filipinas, desta vez para pressionar Marcos por dinheiro, e recebeu 10.000 dólares para manter a boca fechada sobre o caso com o ditador. Achou pouco. Queria 150.000 dólares. Marcos nem quis regatear. Dovie foi sequestrada pela polícia secreta e espancada, mas conseguiu fugir quando a deixaram ir ao banheiro. Depois, ligou para um amigo em Los Angeles que tinha contatos influentes, entre eles o então governador da Califórnia, Ronald Reagan.

Usando um pseudônimo, foi internada no Manila Medical Center. Lá, recebeu a visita do embaixador dos EUA, que trazia uma oferta de Imelda: dez mil dólares para manter-se de boca fechada. Mesmo assim, Dovie achou que corria perigo. Auxiliada por diplomatas norte-americanos, organizou uma entrevista coletiva para revelar sua versão da história. Na entrevista, referiu-se a Marcos como Fred, para que os jornalistas pudessem reportar o que ouviram sem arriscar incorrer no crime de criticar o presidente. Dovie tocou uma das gravações com sons inconfundíveis de sexo e da voz do ditador filipino cantando uma de suas canções românticas favoritas.

Cópias das gravações passaram a circular em Manila, e a rádio estudantil deixou em *looping* um trecho em que Marcos pedia a Dovie que lhe fizesse sexo oral. A gravação foi ao ar durante uma semana, até os soldados finalmente assumirem o controle da rádio.

Diplomatas dos EUA tiraram Dovie do país, mas na escala que fez em Hong Kong ela sofreu uma tentativa de assassinato. Agentes britânicos a protegeram e a mantiveram escondida por cinco dias. O filme foi concluído com Dovie Beams no papel de Isabelle, a versão cinematográfica de Evelyn, a amante de Ferdinand durante a guerra. A película recebeu o título de *Maharlika* ["Homens livres"] nas Filipinas e *O ataque da guerrilha* no resto do mundo, mas passou despercebida além das fronteiras da terra natal de Marcos.

Instinto animal

O rei Mswati III de Essuatíni é uma espécie em extinção: um monarca absolutista. O sultão de Brunei, o rei da Arábia Saudita e um punhado de soberanos árabes são os únicos remanescentes da categoria, enquanto o príncipe João-Adão de Liechtenstein é o exemplo europeu mais próximo disso.

Como convém a um rei, Mswati possui um harém nada desprezível. No momento em que escrevo, conta com 12 concubinas e se expande gradualmente. Doze esposas significam uma probabilidade de escândalos doze vezes maior — talvez até mais, já que é alta a probabilidade de o rei, por mais viril que seja, não dar conta de satisfazer todas as cônjuges.

Em 2010, soube-se que a esposa número 12, Nothando Dube, teve um caso com o ministro das Finanças, Ndumiso Mamba, amigo próximo de Mswati. Os dois foram pegos literalmente de calças curtas no hotel de luxo Royal Villas. Dube deixara furtivamente o palácio real trajando um uniforme militar. Os agentes do rei ficaram desconfiados e a seguiram. No quarto do hotel, encontraram Mamba escondido debaixo da cama.

Mamba foi demitido e Dube, colocada em prisão domiciliar. A mãe do rei, conhecida como *Indlovukazi* ("A Grande Aliá"), enviou uma delegação ao vilarejo de Mamba para comunicar a queixa-crime, como mandava a tradição.

Em novembro de 2011, depois de mais de um ano em prisão domiciliar, um dos filhos de Dube foi ferido enquanto brincava, e a rainha quis levá-lo a um médico. Um guarda tentou detê-la, mas ela borrifou-lhe um spray de pimenta nos olhos. O episódio fez com que Dube fosse expulsa do castelo. Dube não é a única esposa real que se enfastiou da poligamia. Em 2004, duas esposas do rei se envolveram em escândalos de adultério e tiveram que fugir do país.

Os reis de Essuatíni costumam ter muitas consortes e herdeiros. O pai do rei Mswati, Sobhuza II, teve 70 esposas e mais de 200 filhos. Mswati nasceu em 1968, quatro meses antes de Essuatíni, então Suazilândia, se tornar independente do Reino Unido. Quando Sobhuza morreu, em 1982, Mswati, de 14 anos, foi ungido sucessor. Até o príncipe completar 18 anos, duas viúvas de seu pai ocuparam o cargo em mandatos alternados. Em 1986, Mswati foi coroado rei. Era então o monarca mais jovem do mundo e já havia contraído o primeiro matrimônio.

Em dezembro de 2011, começaram a circular rumores de que o rei Mswati estava participando de rituais bestiais bizarros. Todos os anos, é realizado em Essuatíni o *Incwala*. O festival, que pode ser traduzido como "cerimônia real", tem tradição histórica. Começa no início de dezembro e avança pelo mês de janeiro. A cerimônia marca o retorno do rei à vida pública após um período de contemplação espiritual, e ajuda a fortalecer o poder real.

O festival tem um caráter místico e sempre foi envolto em segredo, mas uma testemunha ocular optou por dar com a língua nos dentes. Sithembiso Simelane foi membro do regimento real *Inyatsi* por dez anos. No Facebook, postou uma descrição detalhada do que viu quando participou do *Incwala*. Entre outros detalhes, conta que o rei recebe uma lavagem espiritual de uma serpente mágica.

"Agora que se retirou, o rei residirá em Mantjolo, onde vive a serpente espiritual conhecida como LaMlambo, de propriedade do clã Mnisi. Lá, a cobra lamberá seu corpo durante vários dias. Acredita-se que a serpente o limpará de todos os problemas que encontrou durante o ano, e assim o renove e fortifique para enfrentar o novo ano", escreve Simelane. Mas a verdadeira surpresa é que o rei faz sexo ritual com um touro:

Depois, há a captura e o abate de um touro. Este evento consiste em duas sessões. A primeira é realizada às três da tarde, na véspera do Incwala lenkhulu. O rei espera que os jovens mostrem sua força matando o touro com as próprias mãos. Eles saltam rapidamente para tentar subjugar o animal e chamar a atenção do rei. O que esses jovens esperam é que o rei repare em sua coragem e os promova em seus empregos, especialmente se trabalham nas forças de segurança. Caso es-

tejam desempregados, aspiram a conseguir empregos no exército ou na polícia. Eles esmurram o touro com os punhos até o animal ficar exausto e não mais reagir. Mswati acredita que este ritual simboliza que seu povo, que sempre tentará se levantar contra ele, desistirá e ficará atordoado com seu muti — uma preparação mágica. O touro é então levado para o Inhlambeloen, onde Mswati espera, nu. Os jovens seguram o animal enquanto o rei insere o pênis real ereto no ânus do touro. Ele faz sexo com o touro e ejacula num chifre especialmente trazido antes de atingir o clímax (daí a música Uchamela enkhomeni nakumuntfu — "Aquele que ejacula num animal e também num ser humano"). O sêmen é despejado no chifre, para que possa ser utilizado toda vez que a nação for convocada para a Sibaya ou outro festejo nacional. O sêmen é misturado à comida servida às pessoas que participam das celebrações, para que adorem seu rei incondicionalmente e tenham medo de se rebelar contra ele. Certa vez, há alguns anos, uma cena desagradável aconteceu quando o rei fazia sexo com o touro. O animal despertou do torpor e começou a confusão. O touro deu um coice no rei, que começou a urrar de dor. Por fim conseguimos dominar o touro e cortamos sua garganta para garantir que estava morto.

Na manhã seguinte, um novo touro foi capturado. O animal não é deixado inconsciente, apenas fica imóvel o suficiente para o rei sodomizá-lo.

O mesmo touro é poupado para o ano seguinte, para ser usado na primeira rodada de sexo animal durante o *Incwala*. Depois de copular com o outro touro, o rei se limpa com o *muti* e faz sexo em público com duas de suas esposas.

"Ele então vai para Indlunkhulu, onde duas de suas esposas, LaMatsebula e LaMotsa, o esperam nuas, e ele faz sexo com as duas por um breve período, mas ejacula no chifre", escreve Simelane.

A casa real de Essuatíni não comenta as afirmações, mas durante o festival de *Incwala* de dezembro de 2011, logo após as histórias de sexo animal começarem a se espalhar, o rei alertou contra o que classificou de "pessoas invejosas que querem arruinar a economia de Essuatíni".

Brigada do prazer

É claro que você não precisa fazer sexo com animais para ser um bom ditador, mas os hábitos sexuais de Mswati evidenciam que, para os déspotas, não há limites. Se a zoofilia não for a sua, você sempre pode fazer como Kim Jong-il e Kim Il-sung. Eles montaram bordéis em vários locais da Coreia do Norte, onde "brigadas do prazer" compostas por jovens mulheres ficavam encarregadas de satisfazê-los de diferentes maneiras. As meninas eram divididas em equipes. Algumas eram massagistas, outras cantavam e dançavam, enquanto algumas encarregavam-se dos favores sexuais. Kim Myong-chul, ex-guarda-costas de

Jong-il, disse que essas brigadas podiam ter até 2.000 mulheres.

Mi Hyang, que conseguiu escapar, foi recrutada para uma brigada do prazer aos 15 anos de idade. Ela diz que as meninas não podem ter cicatrizes e precisam ter uma pele macia. As selecionadas recebem seis meses de treinamento e devem fazer um juramento de sangue perfurando os próprios dedos. Como Jong-il era muito pequeno, não queria meninas com mais de 1,65 metro. "Quando conheci Kim Jong-il, ele parecia normal, como um vizinho, mas tinha o rosto salpicado de manchas marrons. Os dentes eram amarelos. Mas sempre foi muito carinhoso comigo", disse Mi Hyang.

Como vimos, ditadores dão vazão às suas necessidades, por mais apimentadas que sejam. Afinal, a nação inteira está à disposição para realizar todos os seus sonhos.

Escreva

Os ditadores têm muitas facetas, inclusive artísticas. É notável como demonstram um talento para a escrita. O fato de escreverem memórias ou teoria política não chega a causar espécie — políticos em geral o fazem —, mas os déspotas são também grandes ficcionistas. Para alguns, uma ideologia autoritária andando de mãos dadas com o engenho literário pode parecer estranho, mas ilustra quão versátil e criativo você precisa ser se quiser ter sucesso como supremo mandatário. Ditadores têm certas vantagens diante de aspirantes a escritores. Não precisam correr manuscritos de editora em editora, apenas para receber negativas humilhantes. É pouco provável que alguém ouse rejeitar seu livro e, se eventualmente surgirem conflitos com os editores, basta fundar uma gráfica estatal. Como veremos também, tudo contribui para que seus escritos sejam um sucesso de crítica e público.

Vários ditadores fizeram de sua obra escrita uma parte importante de seu culto pessoal. Como ditador, você deve compilar sua ideologia na forma de livros e fazer o possível para que sejam lidos por seus seguidores. Não é tão complicado. Faça como Saparmurat Niyazov e Muammar Gaddafi e introduza seus livros no currículo escolar, por exemplo.

O ditador Gaddafi não tinha medo de se arriscar como beletrista. Sua coleção de contos e ensaios intitulada *Fuga para o inferno* tornou-se um clássico instantâneo no mundo ditatorial. A produção ficcional de Gaddafi é permeada por profundos *insights* filosóficos e políticos. Neles, a sociedade tradicional da Líbia é romantizada e apresentada em contraste com a moderna. O livro começa com dois contos nos quais a vida agitada nas cidades é descrita como estressante e solitária, em oposição à vida tranquila e tradicional no campo, plena de beleza e de propósitos.

"A vida na cidade é uma existência puramente biológica, como a de um verme, na qual nós, humanos, vivemos e morremos sem um sentido... sem visões ou propósitos claros", escreve Gaddafi em *A cidade*. O ditador mostra uma desconcertante faceta ecológica e descreve como as cidades eliminam terras agricultáveis e emitem fumaça e poluição. Também exibe um nítido desprezo por atividades esportivas urbanas. "A cidade é difícil e unidimensional para os pobres, obrigados que são a aceitar o inaceitável. Eles aquiescem, são obrigados a engolir e digerir certos absurdos como se fossem razoáveis. A maior prova disso é a vida difícil que a cidade impõe a seus moradores. Milhares e milhares divertem-se numa rinha de galos — e que dizer dos milhões que acompanham entusiasmados a 22 pessoas correndo sem sentido atrás de uma bexiga de couro do tamanho de um melão?"

Já a vida rural é descrita como simples e pacífica. Nos vilarejos não há crimes. "Saia da cidade e fuja para o campo, onde você assistirá ao nascer da lua pela primeira vez em sua vida", sugere Gaddafi. "Você deixará de ser um verme ou um rato, preso a convenções sociais, para se tornar um verdadeiro ser humano — nas aldeias, nos oásis ou nos campos."

Um dos destaques da coleção é a novela *O suicídio de um astronauta*, sobre um pobre viajante espacial que tenta encontrar trabalho na Terra depois que superpotências arrogantes não conseguem mais manter seus caríssimos programas espaciais. O astronauta logo descobre que seu conhecimento de astronomia é de pouca utilidade na lida no campo. Depois que o astronauta tenta, em vão, encontrar um emprego, o romance termina abruptamente: "O astronauta desistiu de encontrar um emprego que lhe permitisse ganhar a vida pondo as mãos na terra e se suicidou". Um desfecho dramático para uma narrativa sóbria.

Claro que Gaddafi não perdeu a oportunidade de imortalizar seus pensamentos políticos no papel. Sua obra-prima neste segmento é *O livro verde*, que traz o ambicioso subtítulo *A solução para o problema democrático. A solução para o problema financeiro. O fundamento social da Terceira Teoria Universal.*

Antes que alguém suponha que a solução para o problema democrático seja adotar a ditadura, Gaddafi deixa claro que não é bem assim, uma vez que considera a democracia representativa ocidental *em si* uma ditadura. "O partido político é uma expressão moderna de ditadura", escreve ele. "Um partido político representa apenas seus filiados e luta por seus interesses particulares, e, do ponto de vista democrático, os partidos não deveriam controlar uma população inteira." A solução é o que Gaddafi intitulou "Terceira Teoria Universal". Em vez de eleger deputados, melhor seria estabelecer comitês criados e mantidos sob a supervisão de assembleias populares. Representantes dos comitês e assembleias se reuniriam no que Gaddafi denomina "Conferência Geral dos Povos", a instância encarregada de validar as sugestões dos comitês e assembleias.

Aqui reside uma diferença clara de um parlamento legislativo. Segundo Gaddafi, qualquer lei promulgada por uma assembleia, comitê ou indivíduo é antidemocrática e antinatural. Somente leis naturais podem ser aceitas. "Em qualquer sociedade, a lei natural é baseada na religião ou na tradição, e qualquer tentativa de fazer leis externas à quaisquer dessas fontes é inválida e ilógica", escreve ele. Pode-se objetar que a teoria política de Gaddafi excluiria a figura de um ditador, mas felizmente *O livro verde* abre a possibilidade de um homem forte no topo da pirâmide: "Teoricamente, isso é democracia real, mas na realidade sempre é o mais forte quem governa. Assim, aqueles que são os mais fortes na sociedade devem dominar o governo". Bingo!

A solução para o problema financeiro é mais simples. O trabalho remunerado escraviza os trabalhadores. Consequentemente, os salários devem ser substituídos por frações da produção. "A base social da Terceira Teoria Universal" afirma que a família é a unidade social fundamental de uma sociedade e, portanto, os tijolos da nação. "Uma sociedade em que a família floresce e o indivíduo cresce normalmente em seus braços é uma comunidade forte", enuncia Gaddafi. A receita para uma família saudável é, essencialmente, que as mulheres fiquem em casa e cuidem dos filhos.

Gaddafi também introduziu uma teoria instigante sobre os esportes. É inaceitável permitir que grandes multidões assistam a um pequeno grupo de atletas competindo. "Esportes são como preces ou refeições. [...] Seria tolice entrar num restaurante para assistir a uma ou mais pessoas comerem", escreve ele. A comparação procede. Como bem aponta o falecido ditador, mais importante é participar: "Haverá o dia em que as massas perceberão que esportes são atividades a serem exercitadas, as arquibancadas serão removidas e as multidões marcharão nas arenas esportivas para praticar esportes, sem a assistência de terceiros".

A educação também constitui o fundamento social da Terceira Teoria Universal, e aqui o autor desponta como um pensador liberal. Para ele, a sociedade deve oferecer uma educação múltipla, cabe aos alunos escolher as disciplinas que desejam estudar. "Forçar uma pessoa a aprender um currículo específico é ditatorial", acredita. Mesmo assim, o pensador líbio conseguiu introduzir seus pensamentos políticos no currículo escolar, numa prova do seu incomparável pragmatismo.

O livro da alma

O livro verde era leitura obrigatória para todos os jovens em idade escolar na Líbia, mas infelizmente foi retirado do currículo após a morte do autor. Outro clássico ditatorial que desapareceu do currículo é o *Rukhnama* (O livro da alma), de Saparmurat Niyazov. Sob o Turkmenbashi, o *Rukhnama* era lido por estudantes desde a escola primária até a universidade. Questões sobre o *Rukhnama* eram incluídas em todos os exames, e os turcomenos precisavam citar de memória longas passagens do livro. Todos os candidatos a cargos públicos eram sabatinados sobre o *Rukhnama*, e perguntas sobre o livro constavam até nos exames de habilitação.

Como o *Rukhnama* era uma parte tão importante do sistema educacional do Turcomenistão, as autoridades anunciaram em 2004 que "disciplinas voltadas à ciência, menos importantes" seriam removidas do currículo. Em vez delas, as escolas devem enfatizar o "renascimento das tradições locais" e incentivar "o retorno aos valores naturais e espirituais".

O primeiro volume foi lançado em 2001 e é um misto de autobiografia, história, política, filosofia e religião. Em 2004, veio o segundo volume, que contém uma análise filosófica moral mais profunda e uma série de preceitos sobre como turcomenos de bem deveriam se comportar. O *Rukhnama* foi um elemento importante do culto à personalidade muito bem posto em prática pelos turcomenos. A representação romântica da história do país indica que o livro foi fundamental para a construção da identidade nacional do Turcomenistão. Visto assim, o Turkmenbashi pode ser comparado aos expoentes do nacional romantismo europeus, por exemplo.

O livro começa com um juramento que todo turcomeno deve recitar para provar sua devoção ao presidente:

Turcomenistão, minha amada pátria, minha amada terra natal!

Estás sempre comigo, em meus pensamentos e em meu coração!

Se te causar a mais leve das ofensas, que perca minha mão!

Se te proferir a mais ínfima das calúnias, que perca minha língua.

No momento em que trair minha pátria, sua bandeira sagrada, e o grande Saparmurat Turkmenbashi, que cesse minha respiração!

No primeiro capítulo, Turkmenbashi documenta a origem do povo turcomeno 5.000 anos atrás, desde o profeta Noé. Noé deu a terra dos turcomenos a seu filho Jafé e seus descendentes. Deus concedeu aos turcomenos riqueza espiritual e coragem como atributos especiais. Os capítulos seguintes narram a história dos turcomenos (que, surpreendentemente, nunca foi devidamente contada por outros historiadores), culminando no estado-nação turcomeno com Turkmenbashi como líder.

O mês de setembro, quando o livro foi lançado, passou a se chamar Rukhnama para homenagear a obra-prima do presidente. Em Ashgabat, o Turkmenbashi mandou erguer uma estátua gigante do livro. A exemplo da estátua de ouro giratória de dez metros de altura de si mesmo, a escultura do *Rukhnama* é mecânica. Todas as noites, às oito horas, abre-se a capa do livro e um trecho é reproduzido por alto-falantes.

Fazer o livro permear cada setor da sociedade turcomena não foi o suficiente para o Turkmenbashi. Para espalhar sua mensagem pelo mundo, empresas estrangeiras que quisessem fazer negócios no país tiveram que providenciar uma tradução do livro para seu respectivo idioma. Por isso, o *Rukhnama* foi traduzido para impressionantes 41 idiomas, financiado por empresas multinacionais como Siemens, Daimler-Chrysler, Caterpillar e John Deere.

Mas nem mesmo a ampliação do universo de leitores foi capaz de satisfazer Niyazov. Em agosto de 2005, uma cópia foi lançada na órbita terrestre por um foguete russo. Presumivelmente, o Turkmenbashi queria levar sua mensagem de sabedoria para seres extraterrestres. "O livro que conquistou os corações de milhões de pessoas na Terra está agora conquistando o espaço", como bem observou o jornal estatal *Neitralnyi Turkmenistan*. Junto com o livro, uma bandeira turcomena e a efígie da águia de cinco cabeças, o símbolo presidencial, também orbitam a Terra.

O Turkmenbashi também se provou um poeta inigualável. Em 2003, ganhou o Prêmio Internacional Magtymguly, concedido em honra ao bardo nacional do Turcomenistão. O prêmio é dado ao poeta que mais contribui para a criação de um estado-nação turcomeno, um dos objetivos do poeta Magtymguly.

O Turkmenbashi morreu em 2006, mas seu sucessor, Gurbanguly Berdimuhamedov, tampouco é alheio ao universo literário. Seus livros sobre cavalos e plantas medicinais, assim como o *Rukhnama*, certamente contribuirão para o culto à pessoa do presidente. O fato de que as obras tratam de fenômenos importantes na cultura turcomena não é por acaso. Em 2011, foi anunciado que o *Rukhnama* deixará de fazer parte do currículo escolar e dará lugar a um novo livro de autoria do atual presidente. O novo livro é intitulado *Turkmennama* (Livro dos Turcomenos) ou *Adamnama* (Livro da Humanidade).

As metáforas de Saddam

Saddam Hussein é outro exemplo de ditador de profundo lirismo. Durante os últimos anos de seu governo, escreveu quatro romances. O talento literário corre no sangue dos Hussein. O tio do ditador, Khairallah Talfah, ex-prefeito de Bagdá, escreveu o libelo *Três equívocos divinos: persas, judeus e moscas*. O panfleto tornou-se um best-seller, sobretudo porque o governo decidiu que as 20.000 escolas do Iraque tinham que adquirir 50 cópias cada. Talfah é mais conhecido por ser tão corrupto que Hussein precisou removê-lo da prefeitura — uma façanha considerando-se a corrupção que grassava no regime de Saddam.

A obra mais conhecida de Hussein é *Zabibah e o rei*, seu romance de estreia, publicado em 2000. O livro conta a história de um rei e da camponesa Zabibah e é ambientado no Iraque medieval. O rei é fascinado pelos sábios pensamentos de Zabibah sobre política e governança, e eventualmente os dois engatam uma relação amorosa, mas infelizmente Zabibah já é casada com um valentão com cara de poucos amigos. Voltando para casa após uma visita ao rei, ela é estuprada por um homem de rosto encoberto, ninguém menos que o brutal marido de Zabibah, que deseja pôr um fim ao casamento. O rei se vinga e declara guerra contra o marido e seus capangas. Tanto o rei como sua amante morrem.

O enredo deixa evidente que Zabibah é uma metáfora para o povo iraquiano, e seu marido malvado são os Estados Unidos. O rei é Saddam Hussein. Zabibah é estuprada no dia 17 de janeiro, data do início da Primeira Guerra do Golfo. Ao contrário da guerra real, o exército simbólico dos EUA no livro é derrotado.

O livro tornou-se um campeão de vendas instantâneo no Iraque, com mais de um milhão de cópias vendidas. Tamanha popularidade deve-se também ao fato de que custava cerca de sessenta centavos de dólar quando foi lançado, e numa ditadura costuma ser de bom tom não deixar de ler as obras do ditador de plantão. O romance foi mais tarde dramatizado numa série de TV de 20 episódios e rendeu até um musical.

Se quem escreveu de fato *Zabibah e o rei* foi mesmo o presidente iraquiano não se pode afirmar com certeza. Muitos acreditam que o verdadeiro autor se manteve anônimo e seguiu as orientações de Hussein. Diz-se até que ele pode ter sido envenenado para que a verdade nunca fosse conhecida. Provavelmente são apenas rumores maliciosos. A julgar pela prosa do livro, um escritor profissional jamais estaria por trás dele. O fato de Hussein ter continuado a escrever mesmo depois de capturado sugere que o ditador nutria ambições literárias.

Após o sucesso de vendas do romance de estreia, Hussein lançou *O castelo fortificado*, sobre um ex-soldado que cai de amores por uma garota curda. O terceiro romance, *Os homens e a cidade*, é sobre a criação do partido Baath. Vários parentes de Hussein são personagens do livro. O quarto romance, *Desapareçam, demônios*, foi lançado pouco antes da invasão norte-americana de 2003. O enredo é sobre um árabe lutando contra duas tribos hostis, simbolizando os norte-americanos e os judeus. Foram impressas 40.000 cópias pouco antes de Bagdá cair.

Após a guerra, ainda na prisão, Hussein estava escrevendo em um romance intitulado *O grande despertar*, mas não se sabe se chegou a ser concluído antes que o autor fosse enforcado. Até agora o livro não foi lançado. O ditador iraquiano também escreveu poemas na prisão. A revista alemã *Der Spiegel* publicou seu último poema, provavelmente as últimas palavras que escreveu. O título é "Liberte a alma":

> Eis minha alma e tu és dela o amor
>
> Lar algum pode abrigar meu coração como tu
>
> Os inimigos invadiram nosso mar
>
> E aquele que os serve, chorará
>
> Aqui desnudamos o peito para os lobos
>
> E não vacilamos diante da besta
>
> Eu sacrifico minha alma por ti e por nossa nação
>
> Em tempos difíceis, o sangue é barato
>
> Não nos ajoelhamos nem nos dobramos quando atacamos
>
> Até nossos inimigos são tratados com honra.

Teoria cinematográfica autoritária

O ditador norte-coreano Kim Il-sung também exibia um notável talento literário. Entre os destaque está *Mar de sangue*, romance nacionalista sobre o movimento de resistência no sopé do monte Paektu durante a ocupação japonesa da Coreia. A narrativa das atrocidades dos japoneses e do heroísmo dos combatentes norte-coreanos se encaixa perfeitamente na ideologia de Kim Il-sung.

O livro foi originalmente concebido como um libreto e ainda é a ópera mais popular da Coreia do Norte, em cartaz em Pyongyang em várias apresentações semanais. A história também se tornou um longa-metragem de três horas e meia, codirigido pelo filho e sucessor de Kim Il-sung, Kim Jong-il, conhecido por sua cinefilia. Jong-il teria uma sala de projeção particular com equipamentos de áudio e vídeo de última geração.

A exemplo do pai, Kim Jong-il produziu literatura política num volume digno de nota, mas, considerando seu interesse em teatro, seus trabalhos mais interessantes são a duologia *Sobre a arte do cinema* e *Sobre a arte da ópera*. As obras são uma introdução bem fundamentada à arte performática revolucionária. A teoria da operação de Jong-il é baseada na encenação vanguardista de *Mar de sangue*. À sua teoria operística, Jong-il acrescenta conselhos revolucionários como: "Um herói moderno a figurar numa obra literária deve ser um homem típico, independente e criativo, cuja conduta na vida e no trabalho são próprias a um mestre revolucionário e construtor. Foi-se o tempo em que imperadores feudais, aristocratas e milionários eram protagonistas das óperas".

A teoria cinematográfica abarca os aspectos artísticos e políticos da sétima arte. Quando se trata dos elementos puramente artísticos, por exemplo, Jong-il insiste que "um filme sem música não está completo". Politicamente, o filme deve refletir a revolução dos trabalhadores: "A visão política implica enxergar tudo através dos olhos do partido e considerar todos os fenômenos de um ponto de vista revolucionário".

Um dos lampejos cinematográficos de Kim Jong-il foi criar uma versão norte-coreana de Godzilla. Infelizmente, bons diretores são escassos na República Popular Democrática. Para realizar seu sonho, foi preciso mandar o serviço de segurança sequestrar o diretor sul-coreano Shin Sang-ok. Em janeiro de 1978, a ex-esposa de Shin, Choi Eun-hee, desapareceu durante uma viagem a Hong Kong. Choi foi colocada num barco pelos agentes norte-coreanos e, oito dias depois, chegou a Nampo, na Coreia do Norte. Ninguém menos que o próprio Jong-il a esperava no cais. Ao recebê-la, num arroubo de autoironia, a primeira frase que o ditador disse foi: "Você não acha que pareço um saco de cocô de anão?". Choi foi instalada numa mansão luxuosa e Jong-il a convidou para uma recepção em sua própria casa.

Shin embarcou para Hong Kong para investigar o ocorrido e também foi sequestrado. Depois de anos em cativeiro, concordou em dirigir filmes para Jong-il, finalmente foi libertado e pôde reencontrar sua esposa Choi. Por sugestão do filho do ditador, os dois se casaram novamente na Coreia do Norte. Shin dirigiu sete filmes no país. O mais conhecido é *Pulgasari*, a resposta norte-coreana a *Godzilla*. O enredo baseia-se numa lenda coreana. No filme, um ferreiro é preso por um rei malvado. Pouco antes de morrer de fome, o ferreiro faz um boneco de arroz, que, ao entrar em contato com sangue humano, se transforma num monstro gigante devorador de metal. Shin e Choi conseguiram escapar durante um festival de cinema em Viena, em 1986. Ambos pediram asilo nos Estados Unidos, onde Shin continuou a fazer filmes.

Truques de vendas autoritários

Um dos benefícios de ser um ditador é que seus livros têm uma alta propensão a se tornarem um sucesso de vendas. Introduzi-los no currículo escolar obrigatório, como fizeram Turkmenbashi e Gaddafi, é uma maneira interessante de conseguir isso. *As citações do camarada Mao*, de Mao Tsé-tung, conhecido como *O pequeno livro vermelho de Mao*, é um dos livros mais vendidos em todo o mundo. Para tanto contribuiu o fato de que todos os chineses eram obrigados a levar consigo uma cópia que poderia ser providencial diante de apuros que carecessem dos sábios conselhos do líder — como escapar da prisão ao ser abordado pela polícia e não ter o livro em mãos, por exemplo. *O pequeno livro vermelho de Mao* se tornou um estouro de vendas também fora da China, principalmente porque jovens radicais no Ocidente queriam copiar a feliz e progressista ditadura chinesa em seus países.

O número exato de cópias vendidas não é sabido, mas as estimativas sugerem algo entre 800 a 900 milhões de exemplares. Estas são apenas os exemplares comercializados. A maioria das tiragens consiste em doações.

No total, foram impressas mais de seis bilhões de cópias do livro, que disputa com a *Bíblia* o posto de livro de maior tiragem do mundo. A maioria dos trabalhos de Mao se tornaram best-sellers. Segundo o historiador Zhengyuan Fu, entre 1966 e 1976, 1.820 gráficas estatais na China produziram 6,5 bilhões de cópias de *O pequeno livro vermelho de Mao*, 840 milhões de cópias das *Obras escolhidas de Mao Tsé-tung* em quatro volumes, 400 milhões de cópias de *Os poemas de Mao* e 2,2 bilhões de cópias de cartazes com a foto de Mao. À luz destes números, é de estranhar que Mao também tenha publicado um livro intitulado *Contra o culto aos livros*.

François "Papa Doc" Duvalier sentia uma ponta de inveja da dimensão de Mao como pensador político. Para se destacar como ideólogo e escritor, ele publicou o primeiro volume de suas *Obras Essenciais* em 1967. O livro era uma imitação de *O pequeno livro vermelho*, mas Papa Doc não teve o mesmo sucesso de vendas. Felizmente, Duvalier encontrou uma solução. Bloqueou o pagamento de todos os funcionários públicos e, em vez do salário, lhes deu uma cópia do livro.

Mantenha o estilo

A maioria dos chefes de Estado zela pela aparência e escolhe o vestuário com apuro. Existem uma etiqueta tácita que determina o que é apropriado trajar em cúpulas internacionais, jantares de gala, datas nacionais comemorativas e outros eventos oficiais aos quais você deve participar em função do cargo que ocupa. A maioria dos políticos obedece a essas regras, o que torna o guarda-roupa dos líderes extremamente padronizado e sensaborão. Para os homens, a cor da gravata geralmente é a única peça que pode ser variada.

Como ditador, você fica muito mais à vontade para escolher o que vestir. Um rápido passar de olhos nos guarda-roupas dos ditadores nos últimos 50 anos mostra uma criatividade e variedade que rivalizam com a ousadia dos designers mais famosos de Paris e Milão. Um político qualquer está permanentemente à mercê de seus eleitores. Não pode cometer deslizes, nem mesmo nas roupas que usa. Já um ditador pode usar a roupa que bem entender, sem receio de comentários críticos e maliciosos. Além disso, o poder absoluto parece afetar as preferências estéticas de uma pessoa, reforça a autoconfiança e abre as portas à experimentação.

Como regra geral, quanto mais tempo um ditador está no poder, mais excêntrico é seu estilo de vestir. Muammar Gaddafi é um exemplo ilustrativo. O ditador líbio sempre foi vaidoso, e, se no início da carreira fazia aparições em uniformes militares impecavelmente passados, ao longo dos anos foi expandindo o repertório com roupas de grife, túnicas beduínas e uma série de outras peças de vestimenta que políticos menos autoconfiantes jamais ousariam experimentar. Até Robert Mugabe, que por muitos anos permaneceu fiel a paletós insípidos, nos seus últimos anos como ditador passou a se exibir com camisas de estampas coloridas.

Apesar de inúmeras variações individuais, podemos identificar certos eixos estruturantes na moda ditatorial. As cinco tendências a seguir são as mais comuns entre os déspotas modernos. Naturalmente, sempre haverá exceções, mas a maioria dos ditadores dos últimos cem anos pode ser classificada numa dessas categorias.

O clássico

O uniforme do ditador clássico é o militar: rígido, com vincos nas calças, dragonas e uma elegante fileira de medalhas no peito. É um estilo popular nos cinco continentes, mas está associado principalmente a ditadores latino-americanos, como Augusto Pinochet, do Chile, e Fulgencio Batista, de Cuba.

Não é por acaso que o uniforme militar é tão popular entre os ditadores. Muitos são oriundos das forças armadas e chegaram ao poder por meio de golpes militares. Um uniforme transmite controle e autoridade. Também envia um sinal inequívoco aos possíveis golpistas: quem manda em quem aperta o gatilho sou eu.

O rebelde

Para outros, o uniforme clássico do ditador pode ser rígido demais. Em vez disso, o ditador rebelde aposta numa versão mais moderna e vanguardista, uma espécie de *look* James Dean do mundo despótico. O rebelde prefere um uniforme amarrotado com a jaqueta aberta e os botões da camisa desabotoados. Ex-guerrilheiros tendem a favorecer um visual rebelde.

O estilo surgiu porque é impraticável transportar um ferro de passar ao se embrenhar numa guerrilha no meio da selva, mas não há dúvidas de que este visual atrai jovens revolucionárias e, portanto, expressa uma escolha consciente de identidade. O rebelde adota um estilo prático e confortável, que exala juventude e despreocupação.

O ditador de Cuba, Fidel Castro, foi um pioneiro neste tipo de vestimenta. Outro rebelde clássico é Thomas Sankara, presidente de Burkina Faso entre 1983 e 1987. O estilo de Sankara lhe rendeu a alcunha de Che Guevara africano. A escolha de roupas expressava nitidamente a vaidade de Sankara, e seu visual surrado e chique era proposital. Os uniformes eram feitos sob medida e ele costumava posar com uma pistola com coronha de madrepérola.

O pavão

Ditadores adoram um excesso. Gostam de estátuas de ouro, carros grandes, relógios cravejados de diamantes e decoração chamativa. Portanto, não surpreende que alguns ditadores sejam incapazes de se ver num uniforme apertado e sóbrio. Em vez disso, preferem franjas e babados, medalhas brilhantes, faixas douradas, penas coloridas e chapéus berrantes. Déspotas têm uma atração natural por objetos extravagantes, mas aqueles que adotam o estilo pavão ignoram quaisquer normas de etiqueta no vestuário. Muitos ditadores começam com o uniforme clássico e vão abraçando os trajes mais ousados à medida que envelhecem. Entre os déspotas que parecem ter saído de uma parada gay encontramos Alfredo Stroessner, do Paraguai, Bokassa, do Império Centro-Africano, e o sultão Hassanal Bolkiah, de Brunei.

O étnico

Muitos ditadores traduzem no vestir o orgulho nacional, seja envergando trajes típicos ou revisitando tradições locais para criar algo novo e orientado para o futuro. O rei Mswati III, de Essuatíni, é um exemplo de ditador que alterna entre o estilo tradicional e paletós de corte moderno feitos sob medida. Quando exibe sua face étnica, entretanto, o soberano não faz economia. A roupa é caracterizada pelo uso imoderado de tecidos batique, peles exóticas, joias coloridas e arranjos de penas. Ditadores do Oriente Médio também apreciam roupas tradicionais. Lá, o traje também tem uma função prática. Os talares e *keffiehs* esvoaçantes em tecidos finos de algodão ajudam a manter o corpo fresco e abrigado do sol no clima escaldante do deserto.

O chato

Nas últimas décadas, a popularidade dos uniformes militares despencou. Os ditadores das antigas repúblicas soviéticas, em especial, não têm formação militar e, portanto, não têm como envergar uniformes e transmitir uma impressão de autenticidade. Infelizmente para eles, nos fóruns internacionais o terno ocidental com camisa e gravata foi tomando o lugar dos demais trajes como roupa de ocasião.

Assim, alguns ditadores tentam parecer políticos comuns. Eles vestem ternos cinza-escuros e pretos, camisa branca e gravata monocromática, e nas tribunas da ONU podem facilmente ser confundidos com líderes democráticos. O déspota uzbeque Islam Karimov e o presidente da Bielorrússia, Aleksandr Lukashenko, estão entre os ditadores que adotam esse estilo. O mesmo acontece com os líderes chineses que não inovam no vestuário ditatorial desde os tempos de Mao Tsé-tung.

Alguns ditadores têm um estilo tão eclético que estão simplesmente além de qualquer classificação. Um deles é Muammar Gaddafi. O falecido ditador líbio estava sempre bem vestido, mas não abria mão de experimentar novas roupas e combinações. Ele vestia de tudo, desde uniformes chamativos a roupas tradicionais beduínas, ternos de seda coloridos e jaquetas inspiradas nos detetives da série *Miami Vice*.

Segundo Oksana Balinskaya, uma enfermeira ucraniana que trabalhava para Gaddafi, o líder trocava de roupa várias vezes ao dia. "Ele era tão obcecado pelas roupas que vestia que me lembrava uma estrela do rock da década de 1980. Às vezes, enquanto os convidados já o aguardavam, ele voltava para o quarto e se trocava mais uma vez", disse Balinskaya em entrevista à *Newsweek*, em 2011.

Outros ditadores são tão autocentrados que escapam às categorizações. Kim Jong-il é um ditador que escolheu seguir seu próprio caminho. Durante seu governo, quase sempre aparecia trajando uma jaqueta curta e simples, com calça de cintura elástica combinando, geralmente em tom cinza neutro, numa mistura de uniforme e agasalho esportivo confortável e prática. Quando fazia frio, era só jogar uma folgada jaqueta cinza por cima do conjunto. A roupa de Jong-il também não deixa de ter uma simbologia política. Depois que chegou ao poder, a Coreia do Norte passou por anos de colheitas fracas e a população passou fome. Vestir-se modestamente era uma forma de demonstrar certa empatia para com seu povo.

O estilo espartano de Kim Jong-il influenciou o mundo da moda internacional. Em 2010, o jornal norte-coreano *Rodung Sinmun* noticiou que Jong-il passou a ditar tendências. "O motivo é que a augusta imagem do Grande General, que sempre veste um uniforme simples quando trabalha, deixa uma forte impressão na consciência das pessoas", escreveu o jornal. O estilo eco entre os *fashionistas* internacionais. "A moda de Kim Jong-il, que agora está se espalhando por todo o mundo, é algo sem precedentes na história", declarou um especialista francês anônimo ao jornal do partido.

A vaidade dos ditadores não ocorre apenas por conta própria, e funciona como uma espécie de bússola para orientar como os subordinados devem se vestir. O fato de um ditador querer ter uma população bem vestida é uma característica simpática, mas também tem um lado prático. As roupas costumam ser parte da ideologia oficial do Estado ou do necessário cunho personalista. Thomas Sankara é um dos vários ditadores que tentaram nacionalizar a indumentária de um país inteiro. Por ordem sua, todos os funcionários públicos de Burkina Faso passaram a usar roupas tradicionais, tecidas com algodão local e costuradas por alfaiates locais.

A túnica Mao é um exemplo bem mais conhecido. Na China, o uniforme é chamado de Zhongshan e foi inspirado no vestuário japonês. Era adotado pelo Exército de Libertação Popular e por membros do partido comunista, mas ficou conhecido assim depois que o ditador Mao Tsé-tung passou a usá-lo.

O uniforme é uma expressão perfeita do maoísmo. É prático, projetado em linhas simples e feito de tecidos de algodão resistentes e acessíveis. Consiste em calça e jaqueta com quatro bolsos externos na frente e está disponível em azul e verde. Combinado com o elegante chapéu Mao, um boné com aba adornado com uma pequena estrela vermelha, é perfeito para todas as ocasiões, profissionais ou de lazer. É um traje prático e casual, simboliza igualdade, transmite valores simples e palpáveis e é unissex. Durante a Revolução Cultural, foi a roupa que vestia toda a população masculina chinesa. Na década de 1990, os líderes chineses deixaram de lado a túnica Mao em favor do uniforme de negócios padrão internacional, um terno e gravata monótono e anódino.

A túnica Mao foi copiada por outros ditadores comunistas. Pol Pot, chefe do Khmer Vermelho no Camboja, usava um traje semelhante. O primeiro ditador da Coreia do Norte, Kim Il-sung, também usava uma túnica inspirada no uniforme de Mao.

Mobutu Sese Seko também se inspirou na túnica Mao para desenhar um traje nacional adequado ao povo congolês. Durante a chamada zairização da sociedade congolesa, na década de 1970, ele precisava de uma roupa apropriada para substituir os paletós imperialistas ocidentais. Mobutu mudou o nome do país de Congo para Zaire e proibiu o uso de ternos, gravatas e camisas. Em vez deles, os cidadãos poderiam vestir o *abacost*, uma jaqueta leve e fina com mangas longas ou curtas, perfeita para o clima tropical do Congo.

A peça foi introduzida depois que Mobutu visitou a China e conheceu Mao, em 1973. A inspiração da túnica Mao salta aos olhos. A palavra *abacost* vem do francês a *bas le costume*, que significa "abaixo o paletó". Haverá quem aponte a aparente contradição de uma jaqueta de inspiração chinesa com um nome francês ser usada como traje nacionalista congolês, mas é preciso levar em conta a visão que Mobutu tinha da moda. Adotar pura e simplesmente roupas tradicionais seria muito difícil num país com tantos grupos étnicos diferentes quanto o Congo. A marca registrada de Mobutu era um chapéu de pele de leopardo, combinado com uma jaqueta *abacost* desenhada por ele próprio e óculos Buddy Holly, aproximando as tradições congolesas da cultura jovem contemporânea.

Obras-primas da arquitetura

Não é apenas no vestuário que os ditadores se destacam dos demais líderes mundiais. Quando se trata da arquitetura, pode-se encontrar semelhanças muito claras entre diferentes regimes autoritários. Um dos traços mais marcantes da arquitetura autoritária deixa explícito que tamanho é documento. Grandes edifícios também são erguidos em países democráticos, é natural, mas os pré-requisitos para o pensar grande são diferentes em ditaduras e democracias.

Os arranha-céus de Nova York são motivo de orgulho para os moradores da cidade, mas a altura decorre principalmente das limitações de espaço em Manhattan. Quando um ditador manda construir arranha-céus não o faz apenas para atender a uma demanda do país, mas antes para satisfazer a uma vontade dele próprio. Os déspotas têm a vantagem de que, nas ditaduras, a construção de prédios públicos não está sujeita ao mesmo controle social das democracias.

A grandeza é muitas vezes associada à ameaça, e muitos argumentam que a escala da arquitetura totalitária é gigantesca precisamente para exaltar o poder do regime e a insignificância das pessoas. Essa teoria falha em perceber que uma arquitetura assim também exalta valores como progresso, orgulho e companheirismo. Mais do que apontar a pequenez do indivíduo, a arquitetura totalitária ressalta a glória que deve sentir cada um por fazer parte de uma nação magnífica.

Aquilo que um ditador constrói deve ser maior e melhor do que aquilo que herdou dos predecessores. Para marcar o 70º aniversário de Kim Il-sung, em 1982, um arco triunfal foi construído em Pyongyang. Réplica do Arco do Triunfo em Paris, a obra simbolizaria a resistência do ditador à ocupação japonesa. O arco, é claro, é um pouco mais alto que o original francês. O monumento de 60 metros de altura é feito de 25.500 blocos de granito, um para cada dia que viveu o Grande Líder. Um único monumento não seria suficientemente adequado para marcar o 70º aniversário do presidente. Uma torre também foi erguida em homenagem à ideologia do regime, a Torre Juche, de 170 metros de altura. O monumento é um metro mais alto que o obelisco em Washington, nos EUA, e também é construído em blocos de granito — um para cada dia da vida de Il-sung. No topo está uma tocha de metal de 20 metros de altura e 45 toneladas de peso.

Um dos prédios ditatoriais mais fascinantes é a basílica de Yamoussoukro. Em 1985, o presidente Félix Houphouët-Boigny, da Costa do Marfim, começou a construir a igreja monumental na cidade onde nasceu. Em 1989, foi concluída e desbancou do posto de maior do mundo a basílica de São Pedro, no Vaticano. A inspiração é declarada, mas difere da original sobretudo por ser feita de concreto. Tem 158 metros de altura, uma área de 30.000 metros quadrados e pode acomodar 18.000 pessoas. Sete mil metros quadrados de vitrais foram importados da França para ornamentar as janelas. Um vitral retrata Houphouët--Boigny como um dos três reis magos entregando presentes a Jesus. Uma mansão anexa é reservada para visitas papais, mas só foi usada uma vez, quando João Paulo II consagrou a igreja, em 1990.

Planejamento urbano por excelência

Pode acontecer de um punhado de palácios e alguns arranha-céus não darem conta do recado. Um ditador que se preza precisa de uma cidade inteira para chamar de sua. Não é incomum que nomes de ditadores passem a denominar cidades. Joseph Stalin tinha Stalingrado, e Omar Bongo chamou a seu torrão natal de nascimento Bongoville, mas às vezes não basta colocar seu nome numa cidade já existente. É preciso construir uma cidade do zero.

O ditador haitiano François "Papa Doc" Duvalier é um exemplo. Ele precisava de uma vitrina que mostrasse ao mundo como o Haiti sob seu comando havia se tornado uma ilha moderna e progressista. Em 1961, a soporífera aldeia de Cabaret teve a honra de ser moldada à imagem e semelhança de Papa Doc. Num discurso para anunciar a decisão, o ditador prometeu aos moradores que cobriria a cidade de flores e teria uma residência ali. Duvalier iniciou uma série de projetos de construção gigantes e alterou o nome de Cabaret para Duvalierville. Para financiar o projeto, grandes empresas foram convidadas a contribuir com aportes financeiros. Aquelas que se recusavam eram assediadas pelos Tonton Macoutes, a polícia política de Duvalier. Até estudantes foram estimulados a fazer doações "voluntárias". Infelizmente, a cidade nunca foi concluída. A maioria dos projetos de construção sequer saíram do papel. Em 1986, quando o filho de Duvalier, Baby Doc, fugiu do Haiti, a cidade retomou o pitoresco nome de Cabaret.

A fé pode mover montanhas, afirma Jesus no Evangelho de Marcos. Se a frase parece exagerar o poder da fé, a simples superstição é o suficiente para mover capitais. Em Mianmar (antiga Birmânia), o consenso indica que a capital foi transferida de Rangum para a cidade de Naipidau depois que o astrológo-chefe da junta militar alertou contra um ataque externo. A explicação oficial para a mudança foi que Rangum estava ficando saturada e não havia mais espaço para construir prédios do governo. Rangum fica na região costeira, e a junta também queria trazer a capital mais para o centro do país. Seja qual for a razão, o governo começou a transferir os ministérios para Naipidau em 6 de novembro de 2005 às 6h37 da manhã, uma hora auspiciosa de acordo com a astrologia birmanesa. Ao mesmo tempo, a cidade tornou-se oficialmente a capital de Mianmar.

Naipidau, que significa algo como "cidade real" ou "assentamento real", é uma das cidades mais organizadas do mundo. Os residentes são divididos segundo ocupação e estado civil. Os blocos de apartamentos têm códigos de cores no telhado que correspondem ao tipo de trabalho que os moradores exercem. Os blocos onde moram os funcionários do ministério da Saúde têm telhados azuis, enquanto os blocos dos funcionários do ministério da Agricultura têm telhados verdes.

O governo tem seu próprio bairro. Oficiais de alto escalão vivem numa zona militar a doze quilômetros das casas dos demais funcionários públicos. As estradas da zona militar têm oito faixas para serem usadas como pistas de pouso para aeronaves de pequeno porte. Na zona ministerial, os prédios são divididos em edifícios idênticos. O parlamento está alojado num enorme complexo composto por 31 edifícios. O palácio presidencial de 100 quartos também está localizado na zona ministerial. A cidade ainda conta com uma zona hoteleira e outra de embaixadas.

O planejamento urbano de Naipidau é perfeito para uma ditadura. A cidade não tem espaços públicos onde grandes multidões poderiam se reunir para protestar. Também não tem nenhum centro definido. Visitantes descrevem o lugar como uma cidade fantasma ou semideserta. As ruas largas estão quase sempre sem trânsito.

Outro ditador que mudou a capital para um local mais central é o presidente do Cazaquistão, Nursultan Nazarbaev. Em 1997, ele transferiu a capital de Almaty para a cidade de Akmola, no coração das estepes cazaques. No ano seguinte, a cidade mudou de nome para Astana, que significa justamente "capital". A razão alegada para transferir a capital foi que Almaty localiza-se numa área de risco de terremotos, tinha poucas oportunidades geográficas de crescer e está muito perto da fronteira com o Quirguistão. Também se argumentou que, transferindo a capital mais para o norte, seria mais fácil controlar a população russa do Cazaquistão, que se concentra naquela região.

Os estrangeiros não ficaram tão entusiasmados com Astana como o presidente Nazarbaev. Empresários e turistas continuaram a preferir a antiga capital Almaty. Para enfatizar a importância de tornar Astana a capital, durante um período o Cazaquistão proibiu companhias aéreas estrangeiras de voar diretamente para Almaty. Para voar para a antiga capital era preciso antes fazer uma escala em Astana.

Financiada pelas receitas petrolíferas do Cazaquistão, Astana cresceu uma cidade moderna com edifícios de vidro e aço. Vários projetos de construção grandiosos foram executados. Não poderia faltar um gigantesco palácio presidencial, chamado *Ak Orda* ("A Horda Branca"), encimado por uma enorme cúpula e guarnecido por uma torre de 8 metros de altura. No topo da cúpula está uma escultura representando um sol com 32 raios e uma águia-das-estepes alçando voo.

Ainda mais espetacular é o Palácio da Paz e Reconciliação. Em forma de pirâmide, é um dos projetos mais caros a Nazarbaev e ao bolso do contribuinte cazaque. Tem 77 metros de altura e foi construído especificamente para abrigar o Congresso de Religiões Tradicionais Mundiais. O congresso tem o nobre propósito de promover o diálogo construtivo entre civilizações, crenças, países e povos. Quem disse que ditadores só têm más intenções? A cada três anos, 200 líderes das principais religiões e crenças do mundo se reúnem numa sala de conferência redonda, uma cópia em maior escala da sala de reuniões do Conselho de Segurança da ONU. Como a pirâmide é enorme, na parte inferior há espaço também para um salão de ópera com 1.500 assentos.

Nazarbaev é responsável por construir uma das maiores salas de concertos do mundo, com 3.500 lugares. O edifício foi projetado pelo renomado arquiteto italiano Manfredi Nicoletti. O formato é inspirado nas pétalas das flores e a cobertura é de vidro com cores que remetem à bandeira cazaque.

Mesmo assim, o edifício mais impressionante em Astana talvez ainda seja o *Khan Shatyr*. É a maior tenda do mundo e é, na prática, um bairro à parte. Uma cobertura transparente é sustentada por um mastro de 150 metros de altura e se estende por uma área maior que dez campos de futebol. A tenda abriga um parque, ruas comerciais pavimentadas, um rio, um minicampo de golfe e uma praia artificial. O projeto dá conta de manter uma temperatura estável e agradável durante todo o ano, o que é bastante conveniente numa cidade que alterna entre 40 graus positivos no verão e 35 graus negativos no inverno.

Um dos pontos turísticos mais importantes de Astana é a *Bayterek* ("Papoula Alta"). Com 105 metros de altura, a torre é na verdade uma escultura, inspirada numa lenda local. Diz a lenda que um pássaro construiu seu ninho nos galhos da árvore e ali pôs um ovo. No topo da Bayterek, a construção se espraia em vários ramos, circundando um ovo de cor dourada, com 22 metros de diâmetro. Dentro do ovo há um mirante a exatamente 97 metros acima do solo, uma referência ao fato de que Astana se tornou a capital em 1997. No mirante há a marca da palma da mão direita de Nazarbaev num baixo-relevo banhado a ouro. Uma placa informa que quem põe a mão sobre o molde presidencial tem um desejo atendido. Ao toque da mão do visitante, ouve-se o hino nacional do Cazaquistão.

Em 2008, foram apresentadas propostas no parlamento cazaque para nomear Astana em homenagem ao presidente, mudando o nome da cidade para Nursultan. Surpreendentemente, Nazarbaev rejeitou a proposta, embora muitos dão como certa a mudança depois que ele morrer ou renunciar ao cargo de presidente.

Em outras palavras, Astana tem alguns dos edifícios contemporâneos mais belos do mundo. Se nada disso lhe interessar, claro que há também um museu dedicado ao próprio presidente Nazarbaev.

A cidade fantasma

Duvalierville, Naipidau e Astana são todas cidades criadas para serem habitadas, embora por trás disso haja o desejo dos ditadores de construir um pretexto para serem eternizados. A Coreia do Norte, por seu turno, encontrou motivos completamente diferentes para erguer uma pequena cidade não muito longe da zona desmilitarizada que divide as duas Coreias. A cidade chama-se Kijongdong. Na Coreia do Norte, também é conhecida como Cidade da Paz, enquanto os sul-coreanos preferem chamá-la de Cidade da Propaganda. Oficialmente, ela abrigaria 200 famílias empregadas num coletivo agrícola. Possui um jardim de infância, escolas e um hospital. Construídos na década de 1950, os blocos residenciais com telhados pintados de azul, equipados com rede de eletricidade, tinham um padrão que destoava do restante da zona rural da Coreia do Norte.

O que é notável é que nada disso é real. A cidade é o único "assentamento" na Coreia do Norte visível da parte sul-coreana da zona desmilitarizada. Com binóculos poderosos, é possível ver que as casas não passam de fachadas, sem vidro nas janelas ou nos cômodos interiores. As luzes dos edifícios são acesas e apagadas em horários regulares para criar a ilusão de que há pessoas morando ali. A única atividade humana é um varredor de rua ocasional que tenta dar a impressão de que o local é habitado. Muito provavelmente, a cidade foi construída unicamente com fins de propaganda, para mostrar aos sul-coreanos como é bom viver na Coreia do Norte.

Aliás, felizmente o local é desabitado, pois o nível de barulho seria insuportável. Alto-falantes poderosos apontados para a fronteira sul-coreana enviam mensagens de propaganda ininterruptamente, 24 horas por dia. Inicialmente, as transmissões objetivavam incentivar os soldados sul-coreanos a desertar. Como surpreendentemente poucos foram tentados a atravessar a fronteira, os norte-coreanos passaram a transmitir discursos anti-imperialistas no volume máximo, intercalados com óperas nacionalistas e marchas militares.

Na década de 1980, a Coreia do Sul, na época também uma ditadura, ergueu na cidade de Daeseong-dong, do outro lado da zona desmilitarizada, um mastro de 98 metros de altura encimado por uma bandeira sul-coreana pesando 130 quilos.

A Coreia do Norte não poderia fazer por menos e levantou seu próprio mastro de 160 metros com uma bandeira de 270 quilos, em Kijongdong. O episódio ficou conhecido como Guerra dos Mastros. O mastro de Kijongdong é o terceiro maior do mundo. Ditadores parecem ter um fetiche por mastros de bandeira. Talvez seja uma espécie de compensação diante de pênis pequenos, quem vai saber? Independentemente disso, o mastro mais alto do mundo também está numa ditadura, mais precisamente na capital do Tadjiquistão, Duchambe. Tem 165 metros de comprimento e hasteia uma enorme bandeira tadjique de 30 X 60 metros. O segundo mais alto do mundo (162 metros) está no Azerbaijão, enquanto o quarto mais alto (133 metros) fica no Turcomenistão.

Paisagismo

Uma coisa é construir novas cidades, outra é alterar a natureza. O emir Mohammed bin Rashid al-Maktoum, de Dubai, só pode achar que o emirado que governa no Golfo da Pérsia é muito pequeno. Por isso pôs em marcha vários projetos faraônicos para expandir a área costeira do emirado. Em 2001, começou a construção da primeira de três penínsulas artificiais. As penínsulas têm a forma de palmeiras, cada uma cercada por uma ilha em forma de lua crescente. As duas menores, Palm Jumeirah e Palm Jebel Ali, precisaram de 100 milhões de metros cúbicos de areia e pedra, enquanto a maior, Palm Deira, encerra um bilhão de metros cúbicos de material de construção. A Palm Deira tem espaço para até um milhão de residentes, mas os planos foram reduzidos durante a construção dadas as dificuldades técnicas do projeto original. Hotéis, moradias de luxo, parques aquáticos, restaurantes e lojas encontram-se nas penínsulas. Durante a construção, a crise financeira mundial abalou a confiança de que o projeto seria concluído.

A empreiteira é a estatal Nakheel Company. Além das palmeiras, dois arquipélagos artificiais, The World e The Universe, completariam o projeto. The World é assim chamado por ter a forma de um Atlas mundial, enquanto The Universe seria uma réplica do sistema solar e da via Láctea, mas este projeto foi paralisado devido à crise financeira. As ilhas em The World têm a forma de países ou cidades. Foi o próprio emir quem teve a ideia e levou a cabo a empreitada. Embora muitas das ilhas tenham sido vendidas, o empreendimento não foi tão tranquilo quanto o emir esperava. Os preços das propriedades caíram acentuadamente desde que atingiram o pico, antes da crise financeira de 2008, e já se noticiou que as ilhas estão afundando no mar e a faixa de água entre elas está sendo bloqueada por sedimentos, alegações que a Nakheel nega.

As ilhas artificiais de Dubai mostram que mesmo um ditador pode falhar. As enormes quantias investidas no projeto que era a menina dos olhos do emir Mohammed ajudaram a fortuna do ditador a cair de 16 bilhões de dólares, em 2007, para apenas 4 bilhões, em 2011. Brincar de Deus é divertido, mas tem seu preço.

Compartilhe suas posses (com os mais próximos)

Nem sempre é preciso *ser* um ditador para *desfrutar* uma vida de ditador. Às vezes basta ser parente de um. Irmãos, cônjuges e filhos de ditadores geralmente gozam de prestígio em países autoritários. Os familiares de um ditador são criados acima da lei, são os primeiros na fila quando surgem oportunidades de negócios e concessões de recursos naturais, e têm influência política, algo que na maioria das ditaduras é exclusivo de uma parcela muito restrita da população.

De certo modo, às vezes é melhor ser parente de um ditador do que um ditador em pessoa. Você tem à disposição uma série de benefícios e não precisa arcar com o pesado ônus de ser um chefe de Estado. Ao mesmo tempo, você fica privado de experimentar a deliciosa e inebriante sensação que só o poder ilimitado sobre outras pessoas proporciona, a oportunidade de moldar um país à sua própria imagem e a alegria de ser adorado como um deus. Ambas as alternativas têm suas vantagens e desvantagens.

Atalhos acadêmicos

Estar na família de um ditador é um caminho certo para conseguir um bom emprego. A falta de qualificações ou de experiência prévia não são obstáculos. O cargo também não requer que você trabalhe ou mesmo dê as caras no escritório. Receber o pagamento é tudo o que lhe cabe.

Elena Ceauşescu, esposa do ditador romeno Nicolae Ceauşescu, não teve uma educação digna de nota. Abandonou a escola aos 14 anos de idade, depois de ser reprovada na maioria das disciplinas. As únicas em que foi aprovada foram Trabalhos Manuais, Canto e Ginástica. Quando terminou a escola, Elena viajou para morar com o irmão em Bucareste. Na capital, conseguiu um emprego como secretária num laboratório que produzia pílulas dietéticas e comprimidos para dor de cabeça de qualidade duvidosa. O trabalho teve vida curta, mas despertou seu interesse pela química. Mais tarde, conseguiu um emprego numa tecelagem. Em 1937, ingressou no Partido Comunista e conheceu seu Nicolae dois anos depois. Em 1947, se casaram.

Elena trabalhou por um tempo como secretária no ministério das Relações Exteriores da Romênia, mas foi demitida por ser inepta. Começou um curso noturno de química, mas foi expulsa por trapacear numa prova. As perspectivas profissionais de Elena não pareciam promissoras. Felizmente, ela podia contar com uma ajudinha do marido.

Enquanto Nicolae galgava a hierarquia do poder romeno, abriu-se para ela uma carreira brilhante como química. Em 1960, ela concluiu o doutorado em Química, uma conquista impressionante para alguém que mal tinha educação básica. Em 1965, tornou-se chefe do Icechim, o Instituto Romeno de Pesquisa Química. Também passou a ser referida como "química e cientista mundialmente famosa" nos jornais. Vários artigos científicos escritos por outros pesquisadores foram publicados com sua assinatura. Funcionários do Icechim revelaram que ninguém tinha permissão de publicar artigos sem o nome de Elena no cabeçalho, embora ela às vezes não conseguisse nem pronunciar todas as palavras do título. Elena, por sua vez, reclamava por nunca ter sido indicada ao Prêmio Nobel de Química, ela que publicava tantos artigos.

Quando viajava para o exterior com o marido, sempre tentava encontrar uma universidade no país anfitrião que pudesse lhe dar títulos honoríficos. A principal agência de inteligência da

Romênia, Departamentul de Informatii External (DIE), tinha ordens expressas de negociar com instituições de pesquisa de prestígio honras acadêmicas para a primeira-dama.

Em 1975, Elena tornou-se *doutora Honoris Causa* na Universidade de Teerã e na Universidade da Jordânia, em Amã. Durante uma visita ao Reino Unido, em 1980, o casal Ceauşescu sondou as autoridades britânicas sobre a possibilidade de a esposa do ditador ser galardoada com algum título honorífico de Oxford ou Cambridge. Ambas as universidades recusaram educadamente. A Politécnica de Londres e o Instituto Real de Química, por outro lado, não se fizeram de rogadas e premiaram o talento natural de Elena.

Durante uma visita a Washington no mesmo ano, nenhuma universidade da região mostrou-se disposta a honrar os méritos científicos de Elena. Ela teve que se contentar com uma filiação à Academia de Ciências de Illinois, e ficou visivelmente muito insatisfeita porque o presidente Jimmy Carter não conseguiu lhe obter um diploma de uma instituição de Washington. "Pare com isso! Você não vai me convencer de que o Mr. Peanut (Carter) vai me dar um diploma de Ill-sei-lá-o-quê e não de Washington. Não vou me deslocar até Ill-sei-lá-onde. DE JEITO NENHUM!", ralhou ela com o marido. Mais tarde, reclamou por nunca ter ouvido falar em Illinois e por ter que receber uma honraria desprestigiada "das mãos de um judeu imundo", referindo-se a Emanuel Merdinger, então presidente da Academia de Ciências de Illinois.

Nas vésperas de uma viagem às Filipinas, o DIE persuadiu o ditador Ferdinand Marcos a convencer a Universidade de Manila a conceder a Elena um *doutorado Honoris Causa* em troca de uma doação substancial de dinheiro, mas a esposa do ditador recusou-se a admitir que a honraria se devia somente aos esforços dos serviços de inteligência: "Acho que você não sabe, meu caro, mas a universidade insistiu em me homenagear", disse ela ao chefe do serviço secreto. "Tentei recusar, mas sabe o que eles fizeram? Eles são pequeninos e têm a pele amarelada, mas chamaram a Imelda (Marcos) para me fazer companhia. O que eu poderia fazer, meu caro?"

Elena não se satisfez apenas com a carreira acadêmica. Também tinha ambições políticas. Numa viagem à China, em 1971, percebeu como a esposa de Mao Tsé-tung, Jiang Qing, assumia um protagonismo político, e isso a inspirou a galgar posições na hierarquia do poder. Uma vez que dormir com o chefe sempre ajuda, a esposa do ditador acabou assumindo funções burocráticas importantes. Em 1972, tornou-se membro do Comitê Central do Partido Comunista. Em 1977, ingressou no birô permanente do Comitê Executivo de Políticas, o órgão mais alto do Partido Comunista. Em março de 1980, tornou-se vice-primeira-ministra.

Irmãs glamorosas

Islam Karimov manteve o poder no Uzbequistão desde 1991, quando a antiga República Soviética se tornou independente, até morrer, em 2016. Ficou mais conhecido por ferver seus inimigos vivos e por trabalhar em estreita colaboração com os Estados Unidos na chamada guerra ao terror. O ditador uzbeque tinha duas filhas lindas e glamorosas, que acumulavam a vida de *jetsetters* com destacadas carreiras diplomáticas.

A filha mais velha de Karimov, Gulnara Karimova, pode ser considerada uma renascentista. É empresária, diplomata, acadêmica, cantora e designer de joias e roupas. Diplomatas dos EUA descrevem Gulnara como "glamourosa e altamente controversa" e "a pessoa mais odiada do país", segundo documentos publicados pelo *WikiLeaks*.

A jovem estudou economia na Universidade de Tashkent, obteve um mestrado em Harvard e um doutorado em Ciências Políticas pela Universidade de Economia Mundial e Diplomacia de Tashkent. Também ocupa a cátedra de professora na mesma universidade. Não se sabe até que ponto Gulnara se dedica à vida acadêmica. Ela tem vários outros projetos que parece priorizar. Entre outras atividades, precisa se dedicar à carreira como cantora pop. Lançou seu primeiro videoclipe em 2006, sob o nome artístico de GooGoosha, o carinhoso apelido como era chamada pelo pai. A canção se chamava "*Unutma Meni*" — "Não se esqueça de mim". Gravou também uma versão de "Besame Mucho" num dueto com Julio Iglesias. Em 2012, anunciou que ampliaria a parceria com o cantor num álbum inteiro de músicas autorais. No mesmo ano, estrelou um videoclipe ao lado do ator francês Gérard Depardieu.

O lado criativo de Gulnara é expresso de várias maneiras. Na *New York Fashion Week*, em 2010, ela exibiu seu talento de estilista à frente da marca Guli. As roupas eram inspiradas em tecidos e padronagens uzbeques. Em 2011, ela quis voltar para a Semana de Moda de Nova York, mas foi dispensada pelos organizadores após uma campanha liderada pela Human Rights Watch. A organização de direitos humanos considerou inapropriado Gulnara promover a indústria local enquanto crianças uzbeques passam dois meses por ano longe dos bancos escolares colhendo algodão. Em 2009, ela desenhou e lançou a coleção Guli em colaboração com a renomada empresa suíça Chopard.

O talento de Gulnara para conciliar a música e o design com uma carreira ativa como diplomata intriga os observadores internacionais. Ela trabalhou na delegação uzbeque da ONU em Nova York e na embaixada uzbeque em Moscou. Em 2008, tornou-se vice-ministra das Relações Exteriores. No mesmo ano, foi nomeada representante do Uzbequistão no escritório da ONU em Genebra, Suíça. Em 2010, tornou-se embaixadora na Espanha, mas manteve o cargo na Suíça. A partir de 2005, assumiu a diretoria do Centro de Estudos Políticos do Uzbequistão.

Gulnara também é interessada em esportes. Ela seria a patrocinadora do Bunyodkor, uma equipe empenhada em elevar o status futebolístico do Uzbequistão, que comprou o passe de vários craques brasileiros, incluindo a estrela Rivaldo. Na Liga dos Campeões da Ásia, o Bunyodkor teve um desempenho aceitável, mas o time não é tão popular em casa. Numa partida contra o Pakhtakor ("Catadores de Algodão"), uma equipe bem inferior, o Bunyodkor foi derrotado por 1 X 0 após os jogadores brasileiros terem sido expulsos nos primeiros dez minutos de jogo. De acordo com um relatório da Embaixada dos EUA em Tashkent, o juiz principal convocou o técnico de Bunyodkor após o jogo, explicando que sentia muito, mas "precisava sustentar a família". O árbitro recebera uma ordem do presidente da Federação de Futebol do Uzbequistão para deixar o Pakhtakor vencer a partida. Pode parecer estranho que a federação se oponha a um time apoiado pela filha do presidente, mas a partida não alterou a posição do Bunyodkor na Liga Asiática. Em casa, a maioria torce pelos jogadores uzbeques, então o objetivo teria sido apenas agradar aos fãs locais. Pode haver também outra motivação por trás. O relatório da embaixada afirma que o resultado "provavelmente terá um efeito significativo nos pagamentos das casas de apostas diante das chances reduzidas de uma vitória do Pakhtakor".

Gulnara é um exemplo cabal de como é vantajoso pertencer à genealogia dos ditadores quando se passa pelas vicissitudes de um divórcio litigioso. Em 1991, ela se casou com o empresário afegão-norte-americano Mansur Maqsudi. Maqsudi abriu uma fábrica da Coca-Cola na capital do Uzbequistão, Tashkent. O casal teve dois filhos, mas em 2001 o casamento começou a ruir, e a separação evoluiu para se tornar um escândalo internacional. Vários parentes de Maqsudi no Uzbequistão foram presos e outros, deportados para o vizinho Afeganistão. Os negócios de Maqsudi no Uzbequistão de repente começaram a enfrentar reveses.

Um mês após a separação, as autoridades começaram a criar problemas para a fábrica da Coca-Cola em Tashkent. Inspetores fiscais, fiscais alfandegários e até um agente antidrogas passaram a infernizar a fábrica, que acabou sendo interditada por quatro meses. Maqsudi perdeu o controle acionário não só da Coca-Cola, mas de outros investimentos no país. Foram emitidos um mandado de prisão contra Maqsudi, seu irmão e pai, por suspeita de sonegação de impostos, corrupção e por ter negociado petróleo com Saddam Hussein. As autoridades do Uzbequistão negam que isso esteja relacionado ao divórcio do ditador.

Embora esteja sempre disposta a exibir seus talentos musicais e artísticos na mídia, Gulnara é mais discreta ao falar sobre suas outras atividades comerciais. Os analistas internacionais que acompanham o Uzbequistão de perto têm certeza de que ela ficou multimilionária. A revista suíça *Bilanz* estimou que ela é uma das dez pessoas mais ricas da Suíça, com um patrimônio estimado em cerca de 600 milhões de dólares. Acredita-se que ela controla a gigante industrial uzbeque Zeromax, um conglomerado que atua nos setores de petróleo, mineração, agricultura, têxtil e bancário do país. A Zeromax é registrada na Suíça, onde vive a filha do ditador, mas até agora ninguém conseguiu encontrar evidências de que ela seja realmente proprietária da empresa.

Numa série de reportagens, a emissora sueca *SVT* revelou que Gulnara importou para o universo empresarial certas manias ditatoriais. A *SVT* teve acesso a documentos que indicam que a filha do ditador recebeu 250 milhões de dólares em suborno para permitir à empresa de telecomunicações sueca TeliaSonera explorar o mercado uzbeque.

A revelação desencadeou uma sequência de eventos que provam que mesmo a filha de um ditador pode cair das alturas. Até então, a vida era um mar de rosas para a multitalentosa jovem. Em 2013, ela organizou a *Style.UZ Art Week*, um festival anual de moda, arte, cinema, teatro e música em Tashkent — uma oportunidade de aproximar o mundo multimilionário de suas raízes locais. Os pontos altos foram um desfile do duo canadense

DSquared2 e um workshop de manicure promovido pela marca Hello Kitty. O festival foi tão importante que atraiu participantes até do espaço sideral. Três cosmonautas russos enviaram mensagens da Estação Espacial Internacional durante a cerimônia de abertura.

No entanto, uma briga interna irrompeu na família Karimov e ganhou as manchetes do noticiário Ocidental. A filha caçula de Karimov, Lola Karmova-Tillyaeva, declarou à BBC que não falava com a irmã mais velha havia doze anos, e duvidava que Gulnara tivesse capacidade de um dia assumir o poder no Uzbequistão. Gulnara respondeu acusando a irmã de estar envolvida com magia negra. "Enquanto parte da família (o pai) está preocupada com o país, a outra (a irmã) passa o tempo pensando em nos destruir recorrendo à magia negra", escreveu no Instagram. Depois disso, ainda acusou a caçula de fraude e profanação de símbolos religiosos durante a reforma de um orfanato.

Também implicou a própria mãe, Tatiana Karimova, em acusações de bruxaria. "Quem pode me dizer algo sobre o estranho hábito de acender velas em triângulos e estrelas de cinco pontas, e ficar repetindo coisas?", perguntou Gulnara no Twitter, manifestando preocupação com a mãe.

Nesse mesmo mês, Akbarali Abdullayev, sobrinho da mulher de Karimov e braço direito de Gulnara, foi preso e acusado de lavagem de dinheiro, corrupção e evasão fiscal. A prisão fez com que a filha do ditador fosse pessoalmente tomar satisfações com o coronel Rustam Inoyatov, chefe do Serviço de Segurança Nacional: "Você é um homem de verdade ou não? Cubra essa bunda gorda com uma saia então! Entendido?", disse ela aos gritos, dando pontapés na porta e na mobília do gabinete.

Enquanto isso, papai ditador Islam Karimov aparentemente ignorava o estrago causado pelas atividades ilícitas da filha, o que sugere um encontro com o chefe da segurança. O presidente ficou furioso quando Inoyatov lhe mostrou, além de documentos comprovando as maracutaias da filha, fotos dela seminua.

Karimov, evidentemente, ficou tão fora de si que atirou um cinzeiro e um telefone no coronel. Depois convocou seus aliados mais próximos e os acusou de esconder informações sobre a filha. O presidente ameaçou prender qualquer um que investigasse as falcatruas da herdeira.

Depois disso, o presidente teria chamado Gulnara para uma conversa a sós e a agredido, repetindo que ela envergonhava a família perante o mundo inteiro. As agressões foram tão violentas que os guarda-costas de Karimov precisaram intervir para acalmá-lo. Mais tarde o ditador foi visto chorando nos jardins do palácio presidencial.

Várias contas bancárias de Gulnara foram fechadas, junto com as lojas de sua propriedade em Tashkent. Segundo o filho de Gulnara, Islam Karimov Jr., a família fez uma reunião em 2 de janeiro de 2014 em que o presidente externou seu incômodo com a presença virtual da filha, muito ativa no Twitter. Desde então a infeliz herdeira do ditador foi colocada em prisão domiciliar e seu contato com o mundo exterior passou a ser controlado.

A moral da história é cristalina: se os seus milhões são fruto de corrupção, seja discreto, guarde-os adequadamente e certifique-se de ter a bênção do ditador.

O presidente uzbeque pode agradecer à filha caçula pelo fato de ser o único chefe de Estado do mundo a ter uma decisão legal afirmando que é um ditador de pleno direito. A exemplo da irmã mais velha, Lola é uma diplomata formada pela Universidade da Economia Mundial e Diplomacia de Tashkent. Além disso, tem um doutorado em Psicologia pela Universidade Estatal de Tashkent. Ela é a representante permanente do Uzbequistão na sede da Unesco, em Paris, mas passa grande parte do tempo passeando com celebridades em eventos de caridade.

Num artigo no jornal online francês *Rue89*, Lola foi mencionada como herdeira de um ditador que recorria a eventos de caridade para lustrar a imagem do Uzbequistão. Lola considerou o artigo difamatório e recorreu a um tribunal pedindo 30.000 euros em danos morais. O *Rue89* apontou que a irmã mais velha de Lola, Gulnara, participou do evento de caridade "Cinema contra a aids" no Festival de Cannes, enquanto meses antes um ativista havia sido condenado a sete anos no Uzbequistão por divulgar informações sobre como se proteger do HIV. A corte considerou que o conteúdo da brochura distribuída pelo artista era "contrário à mentalidade e à base moral da sociedade, religião, cultura e tradição do povo uzbeque".

Lola perdeu o processo contra o *Rue89*, e o tribunal considerou a reportagem "completamente alinhada com a realidade".

O príncipe playboy

Um ditador tem inimigos por toda parte. O fato de muitos ditadores serem paranoicos é antes um efeito colateral natural da função que ocupam do que uma predisposição para transtornos mentais que só acometem os déspotas. Como vimos no caso do Uzbequistão, não se pode confiar nem na própria família. Às vezes, a maior ameaça está dentro de casa.

Francisco Macías Nguema era filho de um feiticeiro na Guiné Espanhola, uma microcolônia na costa oeste da África. O país, agora chamado Guiné Equatorial, consiste numa ilha e numa pequena faixa costeira no continente. Outrora um grande exportador de cacau, o país hoje arrecada bilhões com os campos de petróleo no seu mar territorial. Francisco nunca foi um aluno brilhante: fracassou nas três vezes em que prestou concurso público, mas mesmo assim conseguiu o cargo de prefeito da cidade de Mongomo ainda sob a administração espanhola. Rapidamente subiu na hierarquia e acabou se tornando vice-primeiro- -ministro da colônia da África Ocidental.

Em setembro de 1968, Nguema foi eleito presidente nas primeiras e únicas eleições livres do país. Em 12 de outubro de 1968, veio a independência e a mudança de nome para Guiné Equatorial. Nguema logo vislumbrou a chance de assumir o controle total do Estado recém-criado. Seu adversário na eleição presidencial foi acusado de ensaiar um golpe e executado. Em 1971, ele emendou a Constituição, dando-lhe "poder ilimitado e direto sobre o governo e as instituições", estendendo sua autoridade sobre os poderes Legislativo e Judiciário, e acumulando as chefias do governo e do Estado.

Insultar o presidente passou a ser um delito passível de punição com até 30 anos de prisão. A punição por ameaçar o presidente é a pena capital. Em 1972, Nguema fundiu todos os partidos políticos no Partido Unificado Nacional (posteriormente alterado para Partido Trabalhista Unificado Nacional), do qual se declarou presidente vitalício, assim como do país. Em 1973, outorgou uma nova Constituição que lhe deu poder absoluto e forneceu as bases legais para o partido único. No plebiscito de 29 de julho de 1972, 99% da população votou a favor da nova Constituição.

Para se proteger dos inimigos, ele empregou parentes nos cargos públicos mais importantes. Curiosamente, a população não se deu conta de como era afortunada sob a mão forte de Nguema. Um terço dos habitantes fugiram do país no período. Em 1976, até a esposa do ditador desapareceu, e com razão: dos 300.000 habitantes, cerca de 100.000 foram mortos. Para interromper o fluxo de emigração, Nguema proibiu a pesca e destruiu os barcos pesqueiros. Proibiu a medicina ocidental e o uso da palavra "intelectual". Os péssimos índices de escolarização renderam ao ditador um profundo ceticismo diante de pessoas instruídas. Ele próprio se intitulou Grande Mestre da Ciência, Educação e Cultura.

Em 1975, 150 pessoas foram presas e acusadas de preparar um golpe de Estado. Os supostos golpistas foram executados num estádio na capital Mabako enquanto uma banda executava a melodia de *Those Were The Days*. Nguema mandou executar o chefe do Banco Central e transferiu todos os valores dos cofres públicos para sua casa, na aldeia onde nasceu.

À igreja ele ordenou que todos os cultos fossem terminados com os dizeres "Adiante com Macías. Sempre com Macías. Nunca sem Macías". Depois disso, foi mais fácil proibir a prática da religião católica. Os padres foram mortos ou aprisionados. Em 1978, Nguema alterou o lema do país para "Não há outro Deus além de Macías Nguema".

Mesmo tendo erradicado a incipiente oposição política e aparelhado o Estado inteiro com parentes, Nguema não se sentia seguro. No verão de 1979, executou vários membros da própria família. Foi a gota d'água. Em 3 de agosto, foi deposto pelo sobrinho, o vice-ministro da Defesa, Teodoro Obiang Nguema Mbasogo. Macías Nguema foi preso ao tentar se esconder na selva com um punhado de soldados leais. Em 29 de setembro, o ex-ditador foi condenado à morte 101 vezes e executado — apenas uma vez — às 18h do mesmo dia.

Teodoro Mbasogo assumiu o cargo de presidente e não demorou muito para se provar um ditador quase tão autoritário quanto o tio. Mbasogo, no entanto, é um homem mais cultivado que seu antecessor. Joga tênis muito bem, e aqueles que o conheceram descrevem o presidente como uma pessoa educada e simpática. Depois da descoberta de campos petrolíferos no mar da Guiné Equatorial, o caminho para o reconhecimento e respeito internacional estava aberto.

O petróleo deu a Mbasogo duas vantagens muito claras. Primeiro, os Estados Unidos, sempre sedentos de petróleo, passaram a fazer vista grossa às violações de direitos humanos e emprestar legitimidade internacional ao regime. Em segundo lugar, o petróleo fez de Mbasogo um homem excepcionalmente rico. Em duas investigações conduzidas pelo Senado dos EUA, revelou-se que empresas petrolíferas pagaram parte das receitas de petróleo da Guiné Equatorial depositando diretamente nas contas bancárias de Mbasogo e sua família. A certa altura, o saldo da conta do presidente no Riggs Bank, em Washington, era de 700 milhões de dólares.

Até aqui Mbasogo tem sido mais gentil com seus familiares do que o falecido tio. Seu filho, Teodoro Nguema Obiang Mangue, conhecido popularmente como Teodorin, vive uma vida de playboy decadente, rodeado por mulheres bonitas e carros velozes. Como filho do ditador, pode dispor da Guiné Equatorial como uma espécie de playground particular. Teodorin manda bloquear as ruas da capital Mabako quando quer se divertir num de seus muitos Ferraris ou Bugattis.

Como é o ministro da Agricultura e dos Recursos Florestais da Guiné Equatorial, é ele quem controla e exploração madeireira, o segundo recurso natural mais lucrativo do país. Empresas que desejam explorar madeira na Guiné Equatorial precisam pagar grandes somas às madeireiras de propriedade de Teodorin. O salário oficial que recebe como ministro gira em torno de 5.000 dólares mensais. Como filho de um ditador, seu estilo de vida naturalmente exige muito mais. Ele conseguiu desviar pelo menos 100 milhões de dólares, de acordo com o relatório do Senado dos Estados Unidos. Em 2012, Teodorin foi promovido ao cargo de segundo-vice-presidente da Guiné Equatorial, e passou a cuidar especialmente da defesa e da segurança nacionais.

Em 1991, Teodorin, então com 22 anos, viajou para Malibu, na Califórnia, para estudar na Universidade Pepperdine. A Walter International, uma petrolífera dos EUA, concordou em custear as despesas do filho do ditador nos EUA, que rapidamente se mostraram maiores que o esperado. A acomodação estava incluída nas mensalidades da universidade, mas Teodorin não ficou satisfeito com a residência estudantil. Em vez disso, alugou um apartamento em Malibu e uma suíte no Beverly Wilshire Hotel em Los Angeles. Teodorin raramente era visto no circuito acadêmico. Em vez disso, matava as aulas fazendo compras em Beverly Hills. Depois de cinco meses, achou melhor abandonar os estudos de vez. A Walter International ficou com um papagaio de 50.000 dólares.

Embora não tenha completado os estudos, Teodorin gostou bastante da Califórnia e continuou viajando para lá regularmente. Em 2001, comprou uma casa em Bel Air por 6,5 milhões de dólares (na qual preferiu não morar porque achava o estilo da residência moderno demais). Na Califórnia, procurou se firmar como magnata do hip hop e fundou a empresa TNO Entertainment.

Um dos álbuns que ele lançou foi *No Better Than This* com o rapper Won-G. Won-G, cujo nome verdadeiro é Wondge Bruny, era o parceiro perfeito. Seu pai era oficial militar no Haiti sob o ditador Jean-Claude Duvalier.

Em 2006, Teodorin comprou uma casa em Malibu por 30 milhões de dólares. A mansão de 1.400 metros quadrados tem oito banheiros, uma piscina, uma quadra de tênis e um campo de golfe de quatro buracos. Mel Gibson e Britney Spears estão entre os vizinhos. Relatórios do Senado mostram que ele não economizou na decoração. Os tapetes custaram 59.850 dólares; o home theater, 58.000 dólares; e um par de taças de vinho saiu por 1.734,17 dólares.

Teodorin também aproveitou para comprar carros: mais precisamente sete Ferraris, cinco Bentleys, quatro Rolls-Royce, dois Lamborghinis, dois Mercedes, dois Porsches, dois Maybachers e um Aston Martin, segundo os relatórios do Senado. Seu carro favorito era um Bugatti Veyron azul, de dois milhões de dólares. Benito Giacalone, um ex-motorista, disse que certa vez estacionou o Bugatti do lado de fora de uma boate da moda. Quando Teodorin percebeu as pessoas se aglomerando ao redor do carro para admirá-lo, mandou Giacalone num táxi para buscar outro Bugatti e estacionar ao lado do primeiro.

A mansão da Califórnia era frequentada por um sem-número de mulheres. Teodorin namorou a atriz Tamala Jones, conhecida pelos filmes *Procura-se um bumbum desesperadamente* e *Confissões de uma garota de programa*, a coelhinha da *Playboy* Lindsey Evans e a rapper Eve. O gosto de Teodorin por roupas elegantes é extensivo às suas companhias femininas. A loja da grife italiana Dolce & Gabbana fechou o *showroom* quando as amigas do filho do ditador vieram às compras. Segundo Giacalone, uma única garota comprou roupas no valor de 80.000 dólares. O motorista pagou a conta com pilhas de notas embrulhadas em sacos plásticos dentro de caixas de sapatos.

Em 2009, Teodorin passou algumas noites na suíte presidencial do Four Seasons Hotel, em Las Vegas. As diárias de 5.000 dólares não deixam dúvidas do que o príncipe Teodoro Nguema Obiang tem em mente sobre a sucessão presidencial da Guiné Equatorial.

Apesar dos sinais exteriores de riqueza, parece que Teodorin está tendo dificuldades para custear sua gastança. Vários funcionários processaram o príncipe herdeiro por falta de pagamento de salário e horas extras, e por serem obrigados a custear do próprio bolso itens como papel higiênico, por exemplo. Estes ex-funcionários também mencionaram festas regadas a drogas, acompanhantes de luxo e coelhinhas da *Playboy*. "Nunca o vi fazer nada que se parecesse com um trabalho. A rotina dele era apenas dormir, fazer compras e festejar", disse num comunicado um ex-motorista.

Teodorin costuma ser referido como o sucessor mais provável de Mbasogo. Nos últimos anos, passou mais tempo em seu país de origem que viajando pelo mundo, talvez porque tenha começado a levar a carreira política mais a sério. Depois que suas atividades financeiras se tornaram públicas, ficou mais difícil viajar para o exterior, pelo menos para alguns países. Na França, ele é investigado por corrupção. Vários de seus carros de luxo foram confiscados pela polícia francesa em setembro de 2011. Em de fevereiro de 2012, a polícia bateu à porta da sua casa, na esnobe avenue Foch, em Paris, e confiscou objetos avaliados em dezenas de milhões de euros. A casa em si é estimada em mais de 500 milhões de euros.

Teodorin já foi associado à herdeira de outro ditador, a princesa Sikhanyiso, filha do rei Mswati III de Essuatíni, que figura no ranking *20 Hottest Young Royals* da revista Forbes. Talvez o relacionamento com a rapper Eve tenha dado a Teodorin um talento para a música. A própria Sikhanyiso tentou uma carreira como cantora fazendo uma parceira com o rapper sul-africano Zuluboy. O rei Mswati e o presidente Mbasogo são bons amigos e se visitam regularmente. Se os dois herdeiros estiverem realmente apaixonados, duas das ditaduras mais tradicionais da África estreitarão ainda mais seus laços.

Sexo, drogas e violência

As famílias dos ditadores árabes também são conhecidas pelo estilo de vida opulento, com direito a carros velozes, mulheres bonitas e um estoque infindável de champanha. Em 2004, em plena Champs-Elysées, um Hannibal Gaddafi bêbado feito um gambá acelerou seu Porsche preto a 150 quilômetros por hora na contramão e ainda atravessou o sinal vermelho. Ao ser detido pela polícia, seis guarda-costas do filho do ditador surgiram dos carros de escolta e começaram a confrontar os policiais. Em fevereiro do ano seguinte, ele espancou uma namorada que tentava impedi-lo de invadir o quarto do hotel onde se hospedava. A modelo de 24 anos precisou ser levada ao hospital.

Nos países ricos em petróleo do norte da África e do Oriente Médio, os governantes absolutistas trataram o tesouro público como uma extensão das suas contas bancárias Uma geração de príncipes mimados cresceram cercados de um luxo incomparável, acima do bem e do mal, tendo o mundo a seus pés. Um estilo de vida que consiste numa sucessão de festas intermináveis, namorar modelos e protagonizar escândalos.

Ninguém ficou mais à vontade no papel de herdeiros mimados de ditadores decadentes do que os filhos de Muammar Gaddafi. O *bad boy* da família Gaddafi é, sem dúvida, Hannibal, que arrumou tanta confusão com a polícia francesa que o ministério das Relações Exteriores precisou notificar as autoridades líbias. A chancelaria francesa deixou claro que Hannibal não tinha imunidade diplomática, como costumava alegar quando era abordado pela polícia,

Algo que, aliás, acontecia com muita frequência. Quando a polícia chegou ao hotel parisiense em que a modelo foi agredida, Hannibal começou a brandir uma arma nas mãos. Os policiais conseguiram convencê-lo a largar a arma e o liberaram. Hannibal fez *check in* no vizinho Royal Monceau e começou a destruir os móveis do hotel. A polícia foi acionada mais uma vez. Gaddafi invocou imunidade diplomática e os policiais saíram de cena. Depois que o ministério das Relações Exteriores da França deixou claro que o homem de 34 anos poderia ser punido, Hannibal foi julgado e condenado a quatro meses de condicional.

Uma crise ainda maior se deu quando Hannibal e sua esposa grávida foram presos na Suíça por maltratar dois de seus empregados. A Líbia retaliou fechando empresas, prendendo empresários e expulsando diplomatas suíços do país. As autoridades deixaram de emitir vistos para cidadãos suíços e ameaçaram interromper as exportações de petróleo.

Na Tunísia, o genro do falecido presidente Zine el-Abidine Ben Ali destacava-se como um hedonista recalcitrante. Muitos achavam que Sakher el-Materi, casado com a filha mais nova de Ben Ali, teria sido ungido sucessor do presidente. A correspondência diplomática dos EUA publicada pelo *WikiLeaks* dá a dimensão das estripulias do empresário tunisiano: o embaixador dos EUA na Tunísia informou que a sobremesa do jantar com o genro do presidente era sorvete que acabara de chegar de St. Tropez e, a exemplo de Uday, filho de Saddam Hussein, o anfitrião criava um tigre de estimação.

Os planos de el-Materi de conquistar a Tunísia tiveram um fim abrupto quando os tunisianos se enfastiaram da família presidencial autoritária e corrupta, e os obrigou a fugir do país em janeiro de 2011. Enquanto os ditadores juniores do norte da África se comportam como se pertencessem à realeza, vários príncipes reais, mais ao leste, fazem o que podem para viver à altura de seus títulos nobiliárquicos. Em 2005, o xeque Saud bin Saqr al-Qasimi, então príncipe herdeiro e agora emir de Ras al-Khaimah, um dos Emirados Árabes Unidos, foi preso nos Estados Unidos por ter assediado a camareira da cobertura onde estava hospedado, ao custo de 5.000 dólares a diária. O príncipe foi libertado após passar um fim de semana detido e imediatamente retornou à terra natal.

Para o xeque Mohammed bin Sultan bin Mohammed al-Qasimi, filho mais velho do Emir de Sharjah, outro dos emirados, a vida de playboy teve um desfecho fatal. Em junho de 1999, o jovem de 24 anos foi encontrado sem vida no banheiro de casa, em Londres, com uma correia amarrada no braço e seringas espalhadas em volta. O príncipe tornou-se dependente de heroína depois de ser expulso da Universidade do Arizona.

Na Arábia Saudita, a família real tem total controle sobre a política e a enorme riqueza petrolífera do país, o que proporcionou a milhares de príncipes o acesso a uma vida de opulência. O wahabismo, uma variação severa do Islã adotada como religião oficial na Arábia Saudita, proíbe o álcool e pede um estilo de vida puritano, mas isso não se aplica à realeza. Documentos publicados pelo *WikiLeaks* dão conta de uma vida de sexo, drogas e rock'n'roll por trás das aparências.

Uma carta do consulado norte-americano em Jidá descreve uma festa de Halloween na mansão de um príncipe fartamente abastecida com álcool e prostitutas, tudo muito bem protegido atrás dos portões fortemente vigiados. O autor do despacho ressalta que, embora não tenham sido observadas drogas na festa, haxixe e cocaína são comuns nesse estrato social.

"Embora estritamente proibido pelas leis e tradições da Arábia Saudita, o bar estava cheio de álcool. Os barmen filipinos especialmente contratados serviram um ponche feito com *sadiqi*, um destilado caseiro. Também se alegou que muitas das convidadas eram prostitutas, o que não é incomum nessas festas", prossegue o documento. A moral da história é que, quaisquer que sejam as regras vigentes na sociedade, elas não valem para quem tem parte com um ditador.

Mulheres, drogas e tigres de estimação são tão divertidos quanto inocentes se comparados ao lado sombrio de certos príncipes árabes. Em 2009, um vídeo dos Emirados Árabes Unidos foi contrabandeado para fora do país. Ele mostra o xeque Issa bin Zayed al-Nahyan, irmão do Emir de Abu Dhabi, torturando um empresário afegão usando chicote, uma prancha cravada com pregos e um acendedor elétrico. No vídeo, a vítima é amarrada com fita adesiva enquanto o xeque Issa borrifa sal em suas feridas.

— O incidente registrado não faz parte de um padrão — disse o secretário do Interior dos Emirados, que também é irmão do xeque Issa, tentando abafar o caso. Durante a investigação que se seguiu, descobriu-se que outras 25 pessoas teriam sido filmadas em sessões de tortura conduzidas pelo xeque Issa.

O príncipe Saud Abdulaziz bin Nasser al--Saud, neto do rei Abdullah da Arábia Saudita, foi condenado à prisão perpétua na Grã-Bretanha por ter matado seu assistente. Antes de subirem para o quarto, os dois beberam champanha e *Sex On the Beach* no bar do hotel cinco estrelas em que estavam hospedados. Lá, o servo foi espancado até a morte. O príncipe abusava do servo havia muito tempo. Segundo os funcionários do hotel, o homem era tratado como um escravo. Durante o julgamento, soube-se que os dois tinham um relacionamento sexual e que o príncipe recorria a serviços de acompanhantes masculinos. Durante o julgamento, o príncipe e seus advogados gastaram mais energia refutando a alegação de homossexualidade do que as acusações de assassinato, possivelmente porque a Arábia Saudita pune homossexuais com a pena de morte. Se o príncipe fosse libertado na Grã-Bretanha, dificilmente poderia retornar a seu país de origem.

Embora Hannibal talvez seja o mais rebelde dos filhos do coronel Gaddafi, não é o único na família com uma atração por mulheres bonitas e champanha caro. Na véspera de Ano Novo de 2009, Mutassim-Billal Gaddafi, de 34 anos, foi fotografado numa festa particular na ilha caribenha de St. Barts. A estrela pop Beyoncé Knowles realizou um show exclusivo de uma hora para os convidados, que incluíam Bon Jovi, Jay-Z, Usher e Lindsey Lohan.

Exercer a função de ditador não implica divertir-se sozinho. É também uma dádiva para aqueles que lhe são queridos.

Saia na hora certa

Se você seguir os exemplos descritos nos capítulos anteriores, deverá se sair bem como ditador. Você descobrirá rapidamente que ser um ditador tem muitas vantagens em relação a ser eleito democraticamente. Os ditadores costumam ficar muito mais tempo no poder do que os chefes de Estado de países democráticos. Durante seu governo, você poderá enriquecer, ser adorado como um deus e deixar-se inebriar pelo poder. Mas há uma coisa que todos os ditadores devem ter em mente: o fim da carreira política pode chegar repentinamente. Logo, é melhor se preparar.

Se conseguir se aferrar ao poder sem ser vítima de um golpe ou atentado, você terá duas alternativas. Poderá governar até morrer ou optar por renunciar e deixar outra pessoa assumir o cargo. Muito poucos ditadores escolhem esta última opção. Dada a possibilidade, os ditadores quase sempre mantêm-se no cargo até o fim da vida. Várias razões contribuem para isso. Numa monarquia, é claro, o rei, emir, sultão ou príncipe é o chefe de Estado enquanto viver. Quando o monarca morre ou fica muito velho e doente para cuidar do dia a dia do país, o próximo na linha sucessória assume as rédeas, mas o soberano geralmente preserva o título enquanto estiver vivo.

Para outros ditadores, a coisa muda de figura. Deixar vazia a cadeira de chefe de Estado pode ter consequências sérias. Você corre o risco de ser acusado de violações dos direitos humanos, corrupção, nepotismo, fraude eleitoral e ter assumido o poder por meios ilícitos. Um ditador corre o risco de ser levado à justiça, acusado desde omissão de responsabilidade até crimes de lesa-pátria. Sempre haverá pessoas mesquinhas e invejosas, cujos interesses não foram devidamente satisfeitos durante o seu regime.

Além disso, sempre há o perigo de uma luta pelo poder quando um ditador joga a toalha. Como regra, várias pessoas estão prontas para assumir o cargo. Os cidadãos descontentes podem aproveitar a ocasião para se rebelar. Portanto, é de bom grado nomear e preparar um sucessor de antemão. Todavia, mesmo com um sucessor escolhido, você nunca terá a certeza de que ele lhe será leal. Se isso lhe convier, ele não hesitará em esfaqueá-lo pelas costas. Aposentar-se é uma manobra muito arriscada para um ditador, e poucos se atrevem a isso.

Sendo este o cenário, muitos ditadores preferem gozar a aposentadoria num país estrangeiro amigo, não muito diferente do que fazem os aposentados noruegueses que fixam residência na Espanha. Para estes, o clima é o principal atrativo; para os ditadores, o clima *político* é o mais importante.

Uma regra de ouro dos ditadores é nunca admitir erros. Tudo o que você fez foi para o bem do povo. Acusações de assassinatos, tortura e violações de direitos humanos sempre podem ser consideradas mentiras. Como alternativa, você poderia dizer que não teve escolha, como fez o ditador comunista polonês Wojciech Jaruzelski após a derrocada do comunismo: "Eles dizem que sou um assassino. Mas eu era um político. Tinha meus ideais. Acreditava no socialismo. Se sou culpado, toda a minha geração é culpada. Qualquer um em meu lugar faria o mesmo".

Outra variante é alegar que você estava em guerra, como o ditador da Etiópia, Mengistu Hailé Mariam, exilado no Zimbábue do colega Robert Mugabe: "Eu sou um homem das forças armadas. Fiz o que fiz apenas porque meu país precisava ser salvo do tribalismo e do feudalismo. Se falhei, foi apenas porque fui traído. O tal genocídio nada mais foi do que uma guerra justa para defender a revolução e um sistema do qual todos se beneficiariam". Se preferir, faça como o imperador Jean-Bédel Bokassa e jogue a culpa nas grandes potências: "Não obedeci à França. Por causa disso me tiraram do poder".

Ex-ditadores não podem viajar para qualquer lugar. Muitos países se recusam a aceitá-los, alguns acenam com processos e outros podem até considerar deportá-lo de volta ao seu país de origem. Felizmente, sempre haverá países que o receberão de braços abertos. A França foi por muito tempo o destino dos sonhos de ditadores depostos, especialmente das ex-colônias francesas.

Um deles foi Jean-Bédel Bokassa, do Império Centro-Africano. Em 1979, mais de cem crianças e jovens estudantes foram mortos depois de protestar porque foram obrigados a comprar uniformes caros. Bokassa em pessoa teria cometido os abusos e assassinatos. A França decidiu rifá-lo. Enquanto o imperador visitava seu colega Gaddafi na Líbia, em 20 de setembro de 1979, as forças francesas lançaram a Operação Barracuda e reinstauraram o regime de David Dacko, que estava no poder até o golpe de Estado de 1966 e vivia exilado na França desde então, é claro.

Bokassa fugiu primeiro para a Costa do Marfim, onde se instalou na Villa Cocody, um dos bairros nobres de Abidjan. O presidente da Costa do Marfim, Félix Houphouét-Boigny, providenciou que um hotel lhe enviasse refeições quentes duas vezes por dia. Em Abidjan, Bokassa passava o tempo ouvindo um disco de marchas executadas pela banda da Marinha francesa. Tentou conseguir asilo com seu velho amigo Muammar Gaddafi, mas o homem-forte da Líbia já estava de mãos ocupadas com Idi Amin, que acabara de ser expulso de Uganda.

Alguns anos mais tarde, Bokassa se mudou para Paris. Lá, conseguiu atrair os holofotes quando quis publicar suas memórias. No livro, Bokassa afirma que o presidente francês Valéry Giscard d'Estaing, que visitava a República Centro-Africana com frequência, dormia com as mesmas meninas que ele. Também afirma que, em 1973, quando Giscard era ministro das Relações Exteriores, deu a ele diamantes no valor de 250.000 dólares.

Giscard perdeu a eleição presidencial seguinte, muito provavelmente por causa do escândalo. Infelizmente, ninguém conseguiu ler o livro. A tiragem de 8.000 exemplares teve de ser destruída por ordem judicial.

Outro ditador que viajou para a França foi Jean-Claude "Baby Doc" Duvalier. Depois de assumir o poder quando seu pai morreu, em 1971, a insatisfação da população do Haiti começou a crescer para explodir no início da década de 1980. No segundo semestre de 1985 uma rebelião generalizada fez Baby Doc perceber que seu tempo havia acabado. Na cidade de Gonaïves, um grupo de rebeldes organizou o funeral de Baby Doc, com caixões e ossos humanos. Uma lápide trazia a inscrição "Jan Clod Min Place Ou" ou "Jean-Claude, aqui é o seu lugar". Duvalier deixou o Haiti no dia 7 de fevereiro de 1986, rumo à França. Seu desejo era ir para os EUA, mas os norte-americanos se recusaram a lhe conceder asilo político. A França também não queria o ditador deposto, mas deu a ele uma autorização de residência de uma semana na esperança de que outro país o recebesse definitivamente. Ninguém quis.

Duvalier e sua esposa Michelle alugaram uma casa na Riviera Francesa, onde foram morar com os dois filhos. Quis o destino que seu vizinho fosse o escritor britânico Graham Greene, autor de *Os comediantes*, romance satírico sobre o pai de Duvalier, François "Papa Doc" Duvalier e seu reinado no Haiti.

Baby Doc tinha enviado enormes somas de dinheiro para o exterior durante o tempo que permaneceu no poder (900 milhões de dólares, segundo o governo do Haiti), mas a maior parte desapareceu misteriosamente. Várias contas bancárias na Suíça e no Reino Unido foram congeladas a pedido das autoridades haitianas, mas tinham apenas uma fração dos valores que ele teria desviado. Muito provavelmente Michelle ficou com boa parte disso quando o casal se divorciou, em 1993. Era ela quem controlava com mão de ferro as finanças da família.

Em 1994, ele estava quebrado. A certa altura, já não conseguia pagar o aluguel. A France Télécom cortou seu telefone por falta de pagamento. Ele se mudou de mala e cuia com sua nova parceira, Véronique Roy. Roy é neta de Paul Magloire, presidente do Haiti de 1950 a 1956, mas nunca havia posto os pés no Haiti até então. Em 16 de janeiro de 2011, pouco tempo depois de um forte terremoto devastar a ilha, Baby Doc voltou "para ajudar seus compatriotas", não para recuperar o poder ou se apossar de algum dinheiro escondido. Dois dias depois, foi preso e acusado de corrupção, agressão e roubo. Pouco tempo depois foi libertado, mas jamais voltou a sair do Haiti. Duvalier enfrentou acusações mais graves, como tortura e violações de direitos humanos, e em 2014 morreu vitimado por um ataque cardíaco.

Valentine Strasser chegou ao poder em Serra Leoa mais ou menos por acaso, em 1992. Em 16 de janeiro de 1996, deixou a capital Freetown para participar de um desfile na Academia Militar de Benguema. Na mesma tarde, retornou a Freetown para participar de uma reunião na sede do ministério da Defesa. Lá, ele foi preso, levado de helicóptero e imediatamente embarcado num avião rumo a Conacri, na vizinha Guiné, exatamente como Strasser havia feito com seu antecessor, Joseph Momoh, quatro anos antes. Seu segundo em comando, Julius Maada Bio, assumiu o cargo de presidente.

O próprio Strasser afirma que não foi vítima de um golpe, mas que deixou o poder voluntariamente após completar dez anos de serviço militar. Como parte das negociações de paz na Serra Leoa, os ex-membros da junta militar ganharam a oportunidade de estudar no Reino Unido. Strasser recebeu a mesma oferta, mesmo já tendo sido deposto

Na Inglaterra, cursou Direito na Universidade de Warwick, mas abandonou os estudos em 1998 porque se cansou de ver jornais noticiando que era um ex-ditador responsável por violações dos direitos humanos. Strasser se mudou para Londres, mas depois que o jornal *The Guardian* questionou por que um ex-ditador como ele tinha o direito de morar na Inglaterra, mudou-se para Gana e pouco tempo depois retornou a seu país de origem.

Agora, o ex-ditador vive com sua mãe na vila de Grafton, nos arredores de Freetown. À tarde, costuma sentar-se no terraço e beber gim num copo de plástico. Os dias de festa terminaram. Hoje precisa se haver com a pensão de menos de 40 dólares por mês que o governo de Serra Leoa lhe paga.

Bem-vindo à selva

Se Baby Doc não tivesse morrido antes de ter cumprido a pena pelos crimes de que era acusado, teria se tornado parte de um grupo exclusivo de ditadores: o dos poucos que acabam atrás das grades. Um dos mais azarados, que fez um périplo por prisões de vários países e morreu na prisão, em 2017, é Manuel Noriega. Noriega recebeu treinamento militar nos Estados Unidos e, durante muito tempo, acumulou a carreira de agente da CIA com a de traficante de drogas do famoso cartel de Medellín. Em 1983, nomeou-se general e se tornou ditador de fato no Panamá, embora Ricardo de la Espriella Toral fosse tecnicamente presidente e chefe de Estado.

Noriega obviamente ignorou as lições básicas de fraude eleitoral. A eleição presidencial de maio de 1989 foi tão irregular que teve que ser anulada. O candidato de Noriega, Carlos Duque, por outro lado, percebeu que fora derrotado e não concordou em ser nomeado presidente.

Uma série de confrontos entre os Estados Unidos e o Panamá nos meses seguintes culminou com a invasão norte-americana ao país, em 20 de dezembro do mesmo ano. Noriega refugiou-se na embaixada do Vaticano. As forças dos EUA responderam cercando a embaixada e tocando música a todo volume durante o dia inteiro, em especial as canções "Panamá", do Van Halen, e "Welcome to the Jungle", do Guns'n'Roses. Em 3 de janeiro de 1990, o ditador não aguentou mais e se entregou aos norte-americanos. Em 1992, foi condenado a 40 anos de prisão por tráfico de drogas, crime organizado e lavagem de dinheiro. A sentença foi posteriormente reduzida para 30 anos.

No ano 2000, o jornalista italiano Riccardo Orizio tentou entrevistar Noriega, então preso na Flórida, e recebeu a seguinte resposta: "Em relação à sua requisição de entrevista para um projeto literário sobre 'indivíduos esquecidos', homens outrora poderosos acusados de delitos em seus respectivos países etc., minha resposta é: não me vejo como um 'indivíduo esquecido' pois Deus, Supremo Criador do universo, que tantas vezes escreve certo por linhas tortas, não pôs um ponto final depois de MANUEL A. NORIEGA".

Ele tinha razão. As últimas palavras sobre Manuel A. Noriega ainda estavam por ser escritas. Depois de deixar a prisão nos Estados Unidos em 2007 (a sentença foi novamente reduzida devido ao bom comportamento), outros processos o aguardavam. A França o sentenciara à revelia a dez anos de prisão por lavagem de dinheiro. Como muitos outros ditadores, Noriega demonstrava especial afeição pelo país, onde lavava dinheiro de drogas comprando apartamentos em Paris. O ditador foi deportado para lá a fim de que o julgamento fosse retomado. Noriega foi condenado a sete anos de prisão, e 2,3 milhões de euros depositados em bancos franceses foram confiscados.

Em 1995, Noriega foi condenado à revelia a 20 anos de prisão por assassinato e violações de direitos humanos no Panamá. Em dezembro de 2011, aos 77 anos, foi extraditado para o Panamá para um novo julgamento em seu país de origem, onde morreu, em 2017.

Outro ditador condenado à prisão é Charles Taylor, da Libéria. Em 26 de abril de 2012, ele foi condenado em onze casos de crimes de guerra e crimes contra a humanidade. Manuel Noriega e Charles Taylor, entretanto, são exceções. Ao deixar o poder, qualquer que seja a razão, a maioria dos ditadores depostos consegue negociar um acordo para se exilar.

Infelizmente, muitos ditadores são mortos em serviço. Não há dúvidas de que ser ditador é uma profissão perigosa. Como vimos, Francisco Macías Nguema, da Guiné Equatorial, foi condenado à morte várias vezes e executado. Muammar Gaddafi, da Líbia, foi morto enquanto fugia de rebeldes, e imagens de seu cadáver ensanguentado foram exibidas pelas TVs de todo o mundo. Em dezembro de 1989, o casal Ceaușescu foi preso pela ingrata população romena que se revoltara. Após um breve julgamento, ambos foram fuzilados no dia de Natal.

Após mais de 30 anos de poder na República Dominicana, Rafael Trujillo havia acumulado uma série de inimigos. A administração Kennedy em Washington queria se livrar dele, a CIA estava avaliando maneiras de derrubá-lo, e a elite dominicana estava cansada de décadas de repressão brutal, mas quem se dispôs a resolver o assunto com as próprias mãos foi um punhado de homens de confiança de Trujillo.

Trujilo saiu de cena ao melhor estilo mafioso em 30 de maio de 1961. Depois de visitar a filha de Angelita, Trujillo estava a caminho do Bar Restaurante El Pony. Numa estrada nos arredores da capital Ciudad Trujillo, o veículo foi emboscado com uma chuva de balas. Ferido, o ditador abriu a porta para revidar, mas foi recebido por uma salva de tiros e morreu imediatamente. Os quatro assassinos eram das forças armadas. O plano era tomar o poder na República Dominicana, mas o golpe fracassou porque os demais conspiradores não ousaram se proclamar a nova liderança do país até ver o cadáver de Trujillo e ter certeza de que ele estava morto. Se *El Jefe* ainda estivesse vivo, a tentativa de golpe estaria fadada ao fracasso. Como era muito perigoso transportar o cadáver de Trujillo no porta-malas de um Chevrolet por uma cidade apinhada de barreiras policiais, o golpe fracassou. O corpo de Trujillo foi transportado para Paris e enterrado lá, mas depois trasladado para um cemitério nos arredores de Madri.

Às vezes o passado bate às portas de ditadores que renunciaram e fugiram para o exílio. Anastasio "Tachito" Somoza Debayle assumiu o poder na Nicarágua quando seu irmão Luis Anastasio Somoza Debayle morreu, em 1967. Luis havia herdado a posição do pai, Anastasio "Tacho" Somoza García. No total, a família Somoza governou a Nicarágua de 1936 a 1979. Franklin D. Roosevelt, presidente dos EUA, teria dito o seguinte sobre Tacho: "Somoza pode ser um filho da puta, mas é nosso filho da puta". A blague foi posteriormente adotada e repetida em várias administrações dos EUA, com Somoza substituído por outros ditadores amigos. Alguns acreditam que foi o próprio Somoza quem ajudou a espalhar a frase de Roosevelt.

Ao longo da década de 1970, Tachito perdeu o apoio norte-americano e o que restava de prestígio internacional ao regime. Em 1979, os sandinistas, guerrilheiros da resistência nicaraguense, conseguiram expulsar Somoza do país. Ele primeiro voou para Miami, mas foi rejeitado pelas autoridades norte-americanas e teve que viajar com o rabo entre as pernas para o Paraguai do ditador Alfredo Stroessner, onde foi recebido de braços abertos. Ele comprou uma fazenda e uma mansão na capital Assunção e se preparou para uma aposentadoria tranquila.

Os sandinistas, por outro lado, não pretendiam deixar Somoza em paz. Sob o codinome "Operação Réptil", planejaram um ataque ao ex--ditador. Em 17 de setembro foram a campo, armados com dois fuzis AK-47, duas pistolas e uma bazuca. Atocaiados, os guerrilheiros esperaram que Somoza saísse de casa em seu Mercedes. O primeiro obus falhou, então os homens tiveram que atirar no motorista enquanto recarregavam a bazuca. O segundo disparo atingiu o alvo. Somoza e dois outros passageiros foram imediatamente reduzidos a pedaços de carne carbonizados. O corpo do ex-ditador ficou em tal estado que a autópsia só pôde identificá-lo pelos pés. Apenas um dos assassinos, Hugo Irarzún, foi preso. Seis outros escaparam.

Vários ditadores morreram em circunstâncias misteriosas. Muitas vezes, a morte de um ditador é uma circunstância misteriosa em si. É o suficiente ao menos para dar origem a mitos e especulações. Nenhum ditador está isento de inimigos ou rivais. Sani Abacha, que chegou ao poder na Nigéria em 1993, era um ditador cuja morte foi objeto de muita especulação. Ele é tido como um dos líderes mais corruptos de seu tempo. Como oficial da ativa desde 1963, Abacha deixou suas digitais numa série de golpes militares na Nigéria.

Em 8 de junho de 1998, ele faleceu na residência presidencial da capital da Nigéria, Abuja. Oficialmente, a causa da morte foi um ataque cardíaco, mas o ditador falecido foi enterrado de acordo com a tradição islâmica no mesmo dia em que morreu, sem autópsia. O certo é que, na manhã em que morreu, estava acompanhado por um grupo de prostitutas indianas, seis das quais aparentemente haviam sido importadas de Dubai. As circunstâncias levaram à especulação de que Abacha teria sido envenenado. Outros acreditam que, dada a saúde do ditador, as próprias circunstâncias tenham sido a causa para seu coração ter parado de bater.

A esposa cabalmente traída de Abacha, Maryam, foi presa no aeroporto de Lagos com 38 malas abarrotadas de cédulas estrangeiras, num valor total de 100 milhões de dólares.

Ditadores decorativos

Alguns países têm uma tradição de empalhar seus ditadores. A tendência começou com o ditador soviético Vladimir Lênin, mumificado após sua morte, em 1924. Antes disso, chegou-se até a sugerir congelar o corpo de Lênin para reanimá-lo quando a medicina alcançasse essa possibilidade. Equipamentos para tanto foram inclusive comprados, mas as autoridades soviéticas optaram por preservar o corpo e colocá-lo em exibição. Lênin ainda jaz em seu mausoléu na Praça Vermelha, em Moscou. Periodicamente, precisa ser banhado num líquido de embalsamamento. Para a pele não escurecer, é preciso tratá-la com uma série de medicamentos entre os banhos. Dizem que partes do corpo de Lenin foram substituídas por membros artificiais.

O presidente Mao Tsé-tung queria ser cremado, mas quando morreu, em 1976, os chineses decidiram embalsamá-lo mesmo assim. Infelizmente, começaram o processo muito tarde e o médico pessoal de Mao, encarregado da tarefa, nunca embalsamara um cadáver antes. Por segurança, injetou o dobro de formaldeído necessário e Mao ficou parecido com o boneco da Michelin. Para remediar o estrago, os médicos massagearam o corpo para drenar o líquido, mas a pele do rosto despencou e precisou ser reparada com cera. Há rumores de que não é o próprio Mao, mas uma figura de cera, que está em exibição em Pequim.

Outros ditadores que foram embalsamados são Ferdinand Marcos, Kim Il-sung, Georgi Dimitrov, da Bulgária, e Klement Gottwald, da antiga Tchecoslováquia. O ditador argentino Juan Perón decidiu que sua esposa Eva (mais conhecida como Evita), morta em 1952, deveria ser embalsamada. O corpo foi injetado com glicerol e ficou exposto em seu gabinete. O plano de Perón era homenageá-la erguendo um mausoléu maior que a Estátua da Liberdade em Nova York. Infelizmente, Perón foi deposto em um golpe de Estado em 1955, antes de o mausoléu ficar pronto. O corpo de Evita desapareceu, mas em 1971 foi encontrado numa cripta em Milão e levado ao marido, que vivia exilado na Espanha com sua nova esposa. O casal manteve o corpo na sala de jantar, num aparente triângulo amoroso macabro. Evita acabou sendo levada de volta à Argentina e enterrada no túmulo da família, em Buenos Aires.

Existem, portanto, certos perigos associados ao exercício da ditadura. Por outro lado, você tem muito a ganhar se tudo correr bem. Existem poucos políticos eleitos democraticamente que passam tanto tempo no poder quanto os ditadores mais longevos do mundo. Paul Biya ficou no poder nos Camarões desde 1975, Teodoro Nguema Obiang Mbasogo governa a Guiné Equatorial desde 1979, Robert Mugabe foi o ditador do Zimbábue até 2017, e, em Uganda, Yoweri Museveni é presidente desde 1986. Certos ditadores da realeza duram ainda mais. Hassanal Bolkiah de Brunei herdou o trono em 1967, o sultão Qabus, de Omã, chegou ao poder em 1970 e só saiu ao morrer, em janeiro de 2020.

Seu sucesso como ditador é a garantia de uma vida empolgante, um poder ilimitado, uma população que o adora como um deus e, não menos importante, uma riqueza digna de contos de fada. O presidente de Uganda, Yoweri Museveni, certa vez apontou um dos grandes benefícios de uma ditadura. Em 1988, o homem-forte ugandense foi muito elogiado ao acusar seus colegas africanos de permanecer no poder por muito tempo. "O problema com a África em geral, e com Uganda em particular, não é o povo, mas os líderes que ficam no poder por muito tempo", disse ele na época. Em fevereiro de 2012, mudou de opinião. Num discurso, declarou: "Algumas pessoas pensam que um governo duradouro é ruim. Mas quanto mais se fica no poder, mais se aprende. Hoje, sou um especialista em governar".

Bibliografia

Nigel Cawthorne: *Sex Lifes of the Great Dictators*, Prion (2004)

Lauren Derby: *The Dictators Seduction: Politics and the Popular Imagination in the Era o fTrujillo*, Duke University Press (2009)

Bernhard Diederich e Al Burt: *Papa Doc & the Tonton Macoutes*, Markus Wiener Publishers (2005)

Muammar Gaddafi: *The Green Book*, Ithaca Press (2005)

Muammar Gaddafi: *Escape To Hell and Other Stories*, Blake Publishing Ltd (1999)

David Hebditch e Ken Connor: *How to Stage a Military Coup*, Greenhill Books (2005)

Heidi Holland: Dinner With Mugabe: *The untold story of a freedom fighter who became a tyrant*, Penguin Books (2008)

Saddam Hussein: *Zabiba and the King*, Virtualbookworm.com (2004)

Kim Il-sung: *Sea of Blood*, editora desconhecida (1971)

Kim Jong-il: *On the Art of the Cinema*, University Press of the Pacific (2001)

Kim Jong-il: *On the Art of the Opera*, University Press of the Pacific (2001)

Stephen Kinzer: *A Thousand Hills: Rwanda s Rebirth and the Man Who Dreamed It*, Wiley (2008)

Edward Luttwak: *Coup d'État: A Practical Handbook*, Allen Lane (1968)

Bruce Bueno de Mesquita e Alastair Smith: *The Dictators Handbook: Why Bad Behaviour is Almost Always Good Politics*, Public Affairs (2011)

B.R. Meyers: *The Cleanest Race: How North Koreans See Themselves — And Why It Matters*, Melville House (2010)

Saparmurat Niyazov: *Rukhnama*, The State Publishing Service Turkmenistan (2003)

Riccardo Orizio: *Talk of the Devil: Encounters With Seven Dictators*, Walker and Company (2003)

Karl Shaw: *The Little Book of Loony Dictators*, Sensible Shoes (2011)

Brian Titley: *Dark Age: The Political Odyssey of Emperor Bokassa*, McGill-Queens University Press (1997)

Michela Wrong: *In The Footsteps of Mr. Kurtz: Living on the Brink of Disaster in Mobut's Congo*, Harper Collins (2001)

Peter York: *Dictator Style: Lifestyles of the Worlds Most Colorful Despots*, Chronicle Books (2005)

Exemplares impressos em OFFSET sobre papel Cartão LD 250g/m2 e polén Soft LD 80g/m2 da Suzano Papel e Celulose para a Editora Rua do Sabão.